DIE EINGLIEDERUNG DER VERTRIEBENEN ELSASS-LOTHRINGER IN DAS DEUTSCHE WIRTSCHAFTSLEBEN IM AUGENBLICK SEINES TIEFSTANDES

TATSACHEN UND POLITIK

VON

DR. ROBERT ERNST

BERLIN UND LEIPZIG 1921
VEREINIGUNG WISSENSCHAFTLICHER VERLEGER
WALTER DE GRUYTER & CO.
vormals G. J. Göschen'sche Verlagshandlung — J. Guttentag, Verlagsbuchhandlung —
Georg Reimer — Karl J. Trübner — Veit & Comp.

VORWORT.

Die Ausweisung und Verdrängung Deutscher aus Elsaß-Lothringen hat — vor allem im Jahre 1919 — einen solchen Umfang angenommen, daß dieses völkerrechtswidrige Vorgehen der Franzosen für das deutsche Volk nicht allein politische, sondern in hohem Maße volkswirtschaftliche Bedeutung erlangt hat. Die Einwanderung vertriebener Elsaß-Lothringer nach Deutschland hat sich zu einer Bevölkerungsbewegung entwickelt, deren Wirkungen auf den verschiedensten Gebieten unseres Wirtschaftslebens in unverkennbarer Weise zutage treten.

So dürfte es nicht wundernehmen, daß ich mich als Alt-Elsässer, der infolge des unglücklichen Kriegsausganges seine Heimat verlassen mußte, im vorigen Winter dazu entschloß, eine Untersuchung darüber anzustellen, welches die Wirkungen der elsaß-lothringischen Einwanderung auf unsere Volkswirtschaft sind, und wie im Zusammenhang damit die bisher durchgeführte Art und Weise der Eingliederung der Vertriebenen in unsere Volkswirtschaft zu beurteilen ist.

Von Anfang an war ich mir über zwei große Schwierigkeiten klar, die sich bei dieser Arbeit ergeben mußten.

Die erste Schwierigkeit besteht in dem noch unabgeschlossenen Stande dieser Bevölkerungsbewegung, sowohl hinsichtlich der Wanderung, als auch hinsichtlich der Überwindung der Hemmungen, die sich aus ihr ergeben haben. Jedoch muß betont werden, daß im Jahre 1920 im Vergleich zum Jahre 1919 eine so geringe Zahl von Deutschen aus Elsaß-Lothringen eingewandert ist, daß diese Bevölkerungsbewegung bereits heute in ihren Wirkungen mit nur geringer Einschränkung eine endgültige

Beurteilung erfahren kann, und daß am 1. Oktober 1920, also zur Zeit des Abschlusses meiner Feststellungen, die Lösung der Aufgaben, die dem deutschen Volk aus dieser Wanderung erwachsen sind, in eine neue Phase eingetreten ist, nämlich aus dem Zustand einer nur vorläufigen und ungenügenden, in den einer endgültigen Regelung aller die Flüchtlinge betreffenden Fragen. So ist ein Rückblick gerade in diesem Augenblick sicherlich am Platze.

Die zweite Schwierigkeit liegt in der Vielheit und Mannigfaltigkeit der Erscheinungen, die sich auf wirtschaftlichem Gebiet aus diesem Wanderungsvorgang ergeben. Zu überwinden war diese Schwierigkeit nur, indem ich von vornherein auf eine alle Seiten des Problems umfassende Besprechung und auf die Behandlung von Einzelheiten verzichtete. Ich bin mir wohl bewußt, aus diesem Grunde verschiedentlich über wichtige Tatsachen hinweggegangen zu sein; so wäre z. B. bei Besprechung der Lage der vertriebenen Beamten eine besondere Berücksichtigung der verschiedenen Beamtenkategorien erwünscht. Aber alle diese Spezialfragen bedürften einer besonderen Untersuchung vom Umfang der vorliegenden Abhandlung.

Da über das Problem der Eingliederung der vertriebenen Elsaß-Lothringer in die deutsche Volkswirtschaft außer kurzen Besprechungen in Form von Propagandaschriften bis heute keinerlei Literatur vorliegt, war ich in erster Linie auf das Aktenmaterial der verschiedenen im Dienste der Flüchtlinge tätigen Organisationen angewiesen, ferner auf mündliche und schriftliche Berichte der leitenden Persönlichkeiten in der Vertriebenenhilfe, und zum Teil auf meine eigenen Erfahrungen.

In erster Linie bin ich dem Ministerialdirektor Herrn Geh. Oberregierungsrat Götz, dem Leiter der Abteilung für Elsaß-Lothringen im Reichsministerium des Innern, zu größtem Dank verpflichtet, da ich nur infolge seines Entgegenkommens in die Lage versetzt wurde, die vorliegende Arbeit durchzuführen.

Nicht versäumen möchte ich auch an dieser Stelle, meinem hochverehrten Lehrer, Herrn Professor Dr. Gutmann, für all seine Hilfe zu danken. Selbst durch langjährigen Aufenthalt in Straßburg mit der Kaiser Wilhelm-Universität, mit dem elsässischen Volk und Land, aufs engste verbunden, hat mir mein Lehrer in allen Fragen, die sich nicht mit Zahlen, sondern nur aus der Kenntnis des elsaß-lothringischen Landes und Volkes beantworten lassen, wertvollste Anregungen gegeben.

Mit der Abfassung nachstehender Schrift habe ich nicht allein den Zweck verfolgt, die Not der Flüchtlinge und die ungenügende Hilfe, die ihnen vom deutschen Volk bis heute zuteilgeworden ist, zu schildern, sondern gleicherweise die Schwierigkeiten klarzulegen, die sich dieser Hilfe in den Weg stellen, und auf die aufopfernde Tätigkeit aller im Dienste der Vertriebenen stehenden Organisationen hinzuweisen.

Zugleich möchte ich zu meinem Teil die Mahnung erheben: Deutsche, vergeßt eure Brüder zwischen Rhein und Wasgau nicht.

Tübingen, den 1. Oktober 1920.

INHALTSANGABE.

DIE EINGLIEDERUNG DER VERTRIEBENEN ELSASS-LOTHRINGER IN DAS DEUTSCHE WIRTSCHAFTSLEBEN IM AUGENBLICK SEINES TIEFSTANDES.

TATSACHEN UND POLITIK.

MOTTO:
**„Ein Volk sein heißt:
eine gemeinsame Not empfinden".
(Paul de Lagarde.)**

EINLEITUNG.

DAS WESEN DES PROBLEMS.

Wenn wir von den Taten, den Opfern und Entbehrungen unseres deutschen Volkes während des Krieges und der Nachkriegszeit sprechen, haben wir meist ein großes einheitlich geschlossenes Bild vor Augen. Große Linien treten hervor: der Auszug der Männer, die Frauenarbeit auf dem Lande, die Trauer um die Gefallenen, der Mangel am nötigsten Lebensunterhalt, der Zusammenbruch mit seinen wirtschaftlichen und seelischen Nöten.

Dieses Solidaritätsgefühl in der Erinnerung an gemeinsam durchlebte schwere Zeiten möchte man heute in unserem Volke allerorten stärken im Kampfe gegen die Gegensätze der Gegenwart, und doch können wir gezwungen werden, diesen Gedanken einer Einheit des Volksopfers zu durchbrechen, wenn es sich darum handelt, zur klaren Beurteilung der Lage aller unserer Volksgenossen festzustellen, welche Gruppen innerhalb unseres Volkes ein solches Mehr an Leiden und Lasten tragen müssen, als die Gesamtheit, daß diese Gesamtheit hinwiederum helfend dem Einzelnen zur Seite treten muß.

Das soll wahrlich nicht heißen, es müsse nun jedem Deutschen, je nach seinem Anteil an Opfern und Entbehrungen der vergangenen Jahre, ein Platz näher oder ferner von der Sonne eingeräumt werden. Solch ein Vergütungsstandpunkt darf keinen Boden unter uns gewinnen. Was wir dem Vaterland dargebracht haben und darbringen, das wollen wir einander nicht vorrechnen.

Aber dieser Verzicht auf Dank hat seine Grenzen. Stellt das dargebrachte Opfer die Existenz des Einzelnen in Frage, dann muß die weniger schwer getroffene Gemeinschaft der Volksgenossen aus ethischen Gründen dem Einzelnen beispringen und Rechtssätze schaffen, die die Möglichkeit geben, ihn in eine der Allgemeinheit angepaßte Lage zu erheben. Aus diesem Gerechtigkeitsgefühl des besonderen Opfers heraus sind die Gesetze betreffend die Erhaltung und Unterstützung von Kriegshinterbliebenen und Kriegsbeschädigten entstanden.

Vieles läßt sich nicht ersetzen. So weder liebe Menschen noch die verlorene Gesundheit. Nur die äußeren Lebensmöglichkeiten können wir verbessern. Doch das ist unsere Pflicht.

Und diese Pflicht haben wir auch den Deutschen gegenüber zu erfüllen, von deren Schicksal und heutiger Lage ich im Rahmen dieser Abhandlung sprechen will, gegenüber den aus ihrer Heimat von Heim und Arbeitsstätte vertriebenen Elsaß-Lothringern.

Krieg, Revolution, und vor allem der sogenannte „Frieden von Versailles", haben dem deutschen Volk so schwere Lasten aufgebürdet, daß es wohl begreiflich ist, wenn die Hilfe, die nottut, oft nicht in dem nötigen Umfang und in der rechten opferfreudigen Gesinnung gewährt wird. Es geht nicht an, zwischen der Hilfe für das zerstörte Ostpreußen und die vertriebenen Elsaß-Lothringer eine Parallele zu ziehen! Wir leben in anderer Zeit als 1914/15. Hiermit soll gleich zu Anfang gesagt werden, daß den heutigen Verhältnissen entsprechend schon vieles für die vertriebenen Elsaß-Lothringer geschehen ist.

Von diesen heutigen Verhältnissen, von der wirtschaftlichen Notlage unseres Vaterlandes müssen wir ausgehen, wenn wir über eine Beschreibung der Not der aus Elsaß-Lothringen vertriebenen Deutschen und der ihnen vom deutschen Volk gewährten Hilfe hinaus zu einer auf dem Boden der Wirklichkeit aufgebauten Beurteilung dieser Hilfsmaßnahmen gelangen wollen.

So soll in einem ersten allgemeinen Teil unserer Untersuchung die Einwanderung der vertriebenen Elsaß-Lothringer nach Deutschland in ihrer Wirkung auf unsere zusammengebrochene Volkswirtschaft und in ihrer Bedeutung für die zum Wiederaufbau nötige Neugestaltung unserer wirtschaftlichen Struktur behandelt werden. Auf diese Weise werden wir in erster Linie die Hemmungen und Schwierigkeiten erkennen, die bei der Aufnahme der vertriebenen Elsaß-Lothringer in unser Wirtschaftsleben zu überwinden sind, und ferner werden wir Richtlinien dafür erhalten, welche Wege bei der Eingliederung der Vertriebenen in unsere Volkswirtschaft eingeschlagen werden müssen, um diesen Zufluß an menschlicher Arbeitskraft wenn möglich in produktive für die Volksgemeinschaft förderliche Bahnen zu leiten.

Solches Vorgehen wird uns davor bewahren, in dem daran anschließenden speziellen Teil, in welchem wir alle bis heute für die vertriebenen Elsaß-Lothringer durchgeführten Hilfsmaßnahmen kennen lernen und auf ihre Zweckmäßigkeit prüfen wollen, die Hilfsaktion für die Flüchtlinge einseitig vom Standpunkt des einzelnen Vertriebenen aus zu betrachten und zu beurteilen. Wir werden bedenken, daß die Interessen der Einzelnen mit den Interessen der Gesamtheit in Einklang gebracht werden müssen, und daß aller guter Wille nichts nützt, wenn Hindernisse im Wege stehen, die zu überwinden nicht in unserer Macht ist.

Doch bevor wir in dieser hier kurz angedeuteten Form ein Bild von der Eingliederung der vertriebenen Elsaß-

Lothringer in die deutsche Volkswirtschaft, wie sie durchgeführt wird und wie sie erfolgen müßte, zu entwerfen versuchen, müssen wir uns in einem geschichtlichen Teil über die Ursachen klar werden, die das deutsche Volk in seiner bedrängten Lage vor die Aufgabe stellen, weit über hunderttausend ihres Eigentums beraubte Deutsche aus dem von Frankreich annektierten Elsaß-Lothringen in seinem verkleinerten Gebiet aufzunehmen, und ihnen eine neue Existenz zu schaffen.

I. HAUPTTEIL.

DIE URSACHEN DER ABWANDERUNG UND IHR UMFANG.

A. GESCHICHTLICHE BEDINGUNGEN.

1. DIE ÄUSSEREN UMSTÄNDE.

Im Waffenstillstandsvertrag vom 11. November 1918, abgeschlossen im Wald von Compiègne zwischen Deutschland und den alliierten und assoziierten Mächten, lautet der Artikel 6:

„In allen geräumten Gebieten ist die Fortführung von Einwohnern untersagt. Der Person oder dem Eigentum der Einwohner darf kein Schaden oder Nachteil zugefügt werden. Niemand wird wegen der Teilnahme an Kriegsmaßnahmen, die der Unterzeichnung des Waffenstillstandes vorausgegangen sind, verfolgt werden."

Vor Abschluß des Waffenstillstandes, als die deutschen Armeen fast auf der ganzen Westfront sich auf dem Rückzug befanden, hatte mancher Deutsche in den Reichslanden „Elsaß-Lothringen" den Entschluß gefaßt, sein Hab und Gut jenseits des Rheines in Sicherheit zu bringen. Solange der Kampf noch tobte, war solches Handeln und Denken unbedingt zu verwerfen. Der Eindruck auf die einheimische Bevölkerung mußte ein kläglicher sein, und es konnte nicht ohne Einfluß gerade auf die deutschgesinnten Elemente unter der einheimischen Bevölkerung bleiben, wenn altdeutsche Kreise in dieser Weise schon vor der Entscheidung den Glauben an die Erhaltung des deutschen Elsasses aufgaben.

Der Waffenstillstand brachte eine gewisse Beruhigung. Freilich die Tatsache stand nun fest: die Entscheidung über die Zukunft Elsaß-Lothringens lag nicht mehr in deutscher Hand. Die elsaß-lothringische Frage wurde nun in der Tat eine internationale. Die Gefahr einer Lösung im französischen Sinne war ungeheuer groß. Doch klammerte man sich noch an das von unsern Gegnern so laut verkündete Selbstbestimmungrecht der Völker. Die Franzosen-Partei im Lande erhob schon während der letzten Tage deutscher Herrschaft stolz ihr Haupt, als die Revolution und der militärische Zusammenbruch anarchische Zustände schufen. Und doch schien es unmöglich, daß ein deutscher Stamm, eine zu 88 % deutschsprechende Bevölkerung sich Welschland überliefern würde.

Die weitere Entwicklung mußte abgewartet werden, und für den Augenblick war das Entscheidende, daß man wenigstens rein äußerlich genommen diese Weitergestaltung der Dinge in Ruhe abwarten konnte. Dafür sprach der Artikel 6 des Waffenstillstandsvertrages.

Von den seit 1870/71 nach Elsaß-Lothringen zugewanderten Deutschen und deren Abkömmlingen hatten die meisten hier eine neue Heimat gefunden. Die genaue Zahl dieser im Gegensatz zu der schon vor 1870/71 in Elsaß-Lothringen ansässigen Bevölkerung als Altdeutsche bezeichneten Deutschen läßt sich nicht angeben. Im Jahre 1910 wurden im Reichsland 295 436 Staatsangehörige anderer deutscher Bundesstaaten gegenüber 1 502 071 Inhabern der elsaß-lothringischen Staatsangehörigkeit gezählt. Doch ist zu bedenken, daß eine große Zahl der seit 1870 zugewanderten Deutschen oder deren Abkömmlinge die elsaß-lothringische Staatsangehörigkeit erworben hatte, und bei der Volkszählung als elsaß-lothringische Staatsangehörige geführt sind. Auch hat seit 1910 eine weitere Einwanderung Altdeutscher nach Elsaß-Lothringen stattgefunden, und so schätzte das Statistische Amt von Elsaß-Lothringen bei Ausbruch des Krieges die Zahl der Altdeutschen im Reichsland auf 400 000.

Zum Teil in führenden Stellungen als Beamte, Industrielle und Kaufleute haben sich diese zugewanderten altdeutschen Elemente große Verdienste um die wirtschaftliche Hebung Elsaß-Lothringens seit 1870/71 erworben. Viele von ihnen hofften angesichts des Einmarsches der Franzosen im November 1918 im kommenden Kampf der beiden Kulturen zu ihrem Teil mitstreiten zu können. Und wer solchen Glauben nicht in sich trug, wer die Franzosen besser kannte, der war froh, in einer Zeit schwerster Umwälzungen mit Frau und Kind ein schützendes Dach über sich zu behalten.

Die Feindseligkeiten waren eingestellt, der Waffenstillstandsvertrag verkündete Schutz der Person und des Eigentums. Nicht nur die einzelnen Deutschen in Elsaß-Lothringen, sondern auch die Behörden trafen auf Grund dieser Tatsachen ihre Entscheidungen. Elsaß-Lothringen blieb deutsches Staatsgebiet, die Bewohner deutsche Staatsangehörige trotz der Besetzung durch den Feind. Die Beamten blieben auf ihrem Posten. Noch am 19. November 1918 erschien folgende Verordnung:

Ministerium f. Elsaß-Lothringen,
Abteilung für Justiz und Kultus.

Straßburg, 19. Nov. 1918.

Nach einer Mitteilung des Demobilmachungsamtes in Berlin haben die elsaß-lothringischen Behörden und Beamten auch bei Besetzung des Landes auf ihrem Posten zu bleiben.

Die aus dem Heeresdienst entlassenen planmäßigen Beamten werden . . . . wieder in ihre Dienststelle einzutreten haben. . . .

gez. I. A. Dr. Laucher.

Am 21. November 1918 wurde die rote Fahne auf der Turmspitze des Straßburger Münsters eingezogen, und die blau-weiß-rote Trikolore gehißt. Die Franzosen besetzten das Land; aber ihnen galt vom ersten Augenblicke an Elsaß-Lothringen nicht als besetztes deutsches Staatsgebiet, sondern als befreite französische Erde. Mit dem Schlagwort von der Befreiung der verlorenen Provinzen hat Frankreich seine Kriegshetze betrieben. Der Glaube an diese Mission hat das französische Volk trotz aller Niederlagen immer wieder mit in erster Linie aufrecht erhalten. Der langersehnte Tag war da, Frankreichs „siegreiche“ Truppen zogen in Straßburg ein.

Deutschland mußte die bittere Erfahrung machen, daß weite Schichten des elsaß-lothringischen Volkes den Franzosen zujubelten, und ihnen einen begeisterten Empfang bereiteten. Die Städte, Straßburg voran, prangten im Flaggenschmuck. Und als die Franzosen wenige Tage später den Kampf gegen die Deutschen im Lande aufnahmen, als sie zur Befriedigung ihres Rachegefühls und zur Bekämpfung des deutschen Einflusses entgegen dem Versprechen des Waffenstillstandsvertrages einflußreiche deutsche Persönlichkeiten mit ihren Familien von einem Tage zum andern aus ihrer Heimat jagten, da fanden sie auch bei dieser Tätigkeit Helfershelfer unter der einheimischen Bevölkerung.

2. DIE BEWEGGRÜNDE ZU DER AUSWEISUNG.

a) POLITISCH-PSYCHOLOGISCHE.

Daß die Franzosen so vorgehen würden, hätte man voraussehen können. Ihr Haß gegen die Deutschen war ungeheuer. Die Deutschen waren für sie nur Menschen einer untergeordneten Klasse, denen gegenüber Verträge nicht gehalten zu werden brauchen. So hatten alle unsere Proteste von seiten der Waffenstillstandskommission gegen diesen Vertragsbruch keinen Erfolg. Wir hatten das Recht auf unserer Seite, die Franzosen jedoch allein die Macht.

Doch auch ruhige Überlegung führte die französischen Machthaber zu solchen Schritten.

Sie waren sich wohl bewußt, wie es in Wahrheit mit der Befreiung der unter fremdem Joche schmachtenden französischen Provinzen stand! Niemals hätten sie es sonst versäumt, durch eine freie Volksabstimmung des elsaß-lothringischen Volkes aller Welt zu beweisen, daß Frankreich $4^1/_4$ Jahre nur für Recht und Freiheit im Kampfe gestanden hatte. Diese Abstimmung fürchteten sie. Noch war es nicht geklärt, wie sich die anderen Alliierten zu der

Frage der Volksabstimmung in Elsaß-Lothringen stellen würden. So mußte der deutsche Einfluß zerstört werden, wo auch immer es möglich war. Jedes Mittel war gut genug. Und mit rücksichtslosem Vorgehen gegen alle Altdeutschen und jede Äußerung deutscher Gesinnung in einheimischen Kreisen konnte man hoffen, die französisch gesinnte Bourgeoisie des Landes zu stärken und zu befriedigen, vor allem aber die große Masse der Bevölkerung einzuschüchtern, und ihr, bevor sie recht zum Bewußtsein kam, die Empfindung aufzuzwingen, daß Elsaß-Lothringen französisch werden müsse, und es darum richtiger sei, einen unnützen Kampf nicht erst anzufachen. Der Eindruck vom militärischen und inneren Zusammenbruch Deutschlands, die Angst vor dem Sieger, mußten ohne Säumnis ausgenützt werden. Der erwartete Erfolg traf ein.

Indem wir dies feststellen, gehen wir bereits zu der Beantwortung und Erklärung der Frage über, wie es möglich war, daß auch große Teile der elsaß-lothringischen Bevölkerung sich diesem brutalen Vorgehen gegen die Deutschen, ihre Volksgenossen von jenseits des Rheines, anschlossen.

Es ist im Rahmen dieser Abhandlung unmöglich, auf den geschichtlichen Teil der elsaß-lothringischen Frage einzugehen. Es muß genügen festzustellen, daß Elsaß-Lothringen, wie es der Bismarckische Staat geschaffen hat, deutscher Boden mit einer ihrer Kultur und Sprache nach deutschen Bevölkerung ist. Was uns hier ganz kurz beschäftigen muß, ist das politische und nationale Denken dieser allemannisch-fränkischen Bevölkerung zurzeit des Einmarsches der Franzosen im November 1918, wie es sich durch die zweihundertjährige Zugehörigkeit zu Frankreich, die Wiedervereinigung mit Deutschland 1870/71, den Krieg 1914—1918 und den Kriegsausgang 1918 entwickelt hat. Das hieraus sich ergebende Verhalten der Elsaß-Lothringer muß behandelt werden. Denn gegen den geschlossenen Willen der einheimischen Bevölkerung hätte voraussichtlich Frankreich nicht so skrupellos gegen die Deutschen vorgehen können. So sind hier mit die Ursachen zu suchen, die Deutschland vor die Aufgabe stellen, Tausende vertriebene Elsaß-Lothringer in seinem verkleinerten Gebiet aufzunehmen.

Am 1. August 1914 schien die deutsche Seele des Elsasses und Deutsch-Lothringens die Decke zu sprengen, die Jahrhunderte welscher Kultur über ihr aufgebaut hatten, um unter den Trümmern die letzten Reste französischer Gesinnung zu begraben. So sah es nach außen hin aus. Aber dem wirklich eingeweihten Beobachter entging es nicht, daß die französischen Elemente im Lande — und sie waren nicht zu unterschätzen, da sie den Bürgerkreisen, der Intelligenz angehörten — zum Teil unter dem Druck des gewaltigen Geschehens, aus Furcht vor kommender Belagerung und Kämpfen sich still verhielten, zum Teil nach der Schweiz über die Grenze gingen. Die deutschgesinnte Bevölkerung allerdings — und sie bildete die große Mehrheit — wurde von der nationalen Welle erfaßt, sie war geradezu erlöst, endlich offen ihr Deutschtum in Gesinnung und Tat beweisen zu können, das so oft angezweifelt worden war.

Es kam der lange, $4^1/_4$ Jahre dauernde, Nerven und Moral zersetzende Krieg. Die Reichslande litten neben Ostpreußen am stärksten unter den direkten Einwirkungen des Krieges. Daneben wurde bei den Elsaß-Lothringern durch nötige und unnötige Maßnahmen der Militärbehörden, die in den Reichslanden, welches Operationsgebiet war, frei schalten konnten, die Kriegsmüdigkeit verstärkt, wie sie ja auch im übrigen Deutschland durch die schlechte Ernährung, die unabsehbare Länge des Krieges und die furchtbaren Menschenopfer erwachsen war. Das war eine ungeheuer schwere Belastungsprobe für das zum Deutschtum erst neu erwachte Elsaß-Lothringen. Man darf die Stimmung nicht vergessen, die im Herbst 1918 auch in anderen Gegenden Deutschlands herrschte, und die Gedanken entstehen ließ, wie den: „Laßt doch die Franzosen kommen, wenn es nur Friede gibt".

Die französische Partei in Elsaß-Lothringen war nicht tot. Darauf wurde schon hingewiesen. Als der Krieg für

Deutschland kritisch zu werden begann, setzte sie mit ihrer Wühlarbeit ein, und die Fehler der deutschen Militärbehörden verschafften ihr die nötigen Angriffspunkte.

Ein glückliches Kriegsende hätte trotzdem alle Mißstimmung zunichte gemacht. Statt dessen kam unser großer Zusammenbruch. Die letzten Tage der deutschen Herrschaft konnten nicht werbend für Deutschland wirken. Die Wurzeln des Deutschtums waren im Reichsland noch nicht so tief in das Denken und Fühlen der einheimischen Bevölkerung eingedrungen, daß sie eine Charakterfestigkeit hätten nähren können, die allen Lockungen Frankreichs zum Trotz, den Siegern zum Trotz, ein Bekenntnis zum hungernden zusammengebrochenen Deutschland ermöglicht hätte, zu dem Deutschland, das in seiner Kraft und Blüte den Bruder oft voll Mißtrauen behandelt hatte.

Und bei dieser Betrachtung dürfen wir ein anderes nicht übersehen: es besteht in der Tat in Elsaß-Lothringen eine gewisse Doppelkultur auf allen Gebieten. So auch im politischen Denken. Der Einfluß Frankreichs ist unverkennbar. Demokratie! Unter diesem Schlagwort sahen viele der Elsaß-Lothringer die Freiheit in jeglicher Form. Preußische Ordnung und preußische Disziplin wurden leicht als Unterdrückung betrachtet. So bestand eine gewisse Anpassungsfähigkeit an Frankreich, und es war von großer Bedeutung, daß die oberste Schicht der elsaß-lothringischen Bevölkerung die französische Sprache beherrschte. Aus diesen Umständen muß man Verständnis dafür zu gewinnen suchen, daß die Elsaß-Lothringer beim Einzug der Franzosen keinen flammenden Protest erhoben. Die große Schar der Deutschgesinnten hat die Franzosen nicht jubelnd begrüßt, aber sie hatte, behindert durch die angedeuteten Schwächen, nicht die Kraft zu aktivem Handeln.

Die französisch gesinnten Kreise der elsaß-lothringischen Bevölkerung rissen die Masse der Urteilslosen und Zweifelnden, der Gesinnungslumpen und Gewinnjäger mit sich fort! Sie wußten einen Empfang der Befreier zu inszenieren, der alles bisher Dagewesenen spottete. Bezahlte Kräfte wirkten als glücklich Befreite mit. Doch damit allein läßt sich, wie gesagt, die Begeisterung der elsaß-lothringischen Bevölkerung in den Novembertagen 1918 nicht erklären. Die Hoffnung auf bessere wirtschaftliche Verhältnisse, die Erlösung aus langem Kriege, die Freude der Besitzenden den „roten“ Deutschen entronnen zu sein, die Hoffnung auf freies, selbständiges bürgerliches Leben, der oben erwähnte Eindruck der Unmassen siegreichen Truppen, schufen das Bild einer in ihrer Gesamtheit zu Frankreich hinneigenden Bevölkerung. So wenigstens in den Städten. Die Bauernschaft besah sich die neuen Verhältnisse größtenteils mit ruhigerem Gemüt. Aber die Städte mit ihren Massen gaben den Ausschlag. Der größte Teil der Deutschgesinnten zog sich vor dieser Selbstverständlichkeit einer Einverleibung in Frankreich völlig zurück, ein Teil bekannte sich aus Furcht zu Frankreich.

So hatten die seit 1870 eingewanderten Deutschen keinerlei Rückhalt, ebensowenig die einheimischen Elemente, die im Kampf gegen das Welschtum vor dem Kriege und während des Krieges Führer gewesen waren.

Wie zur Zeit von Revolutionen die niedrigsten Instinkte entfesselt werden, die fragwürdigsten Gestalten zu Führern werden, so auch während der politischen Umwälzung in den Reichslanden unter dem Zeichen fanatisch-romanischen Chauvinismusses. Die unter dem Deckmantel militärischer Notwendigkeit vollzogenen Ausweisungen altdeutscher Elsaß-Lothringer waren begleitet von den Auswüchsen nationalen Hasses der französisch gesinnten Teile der einheimischen Bevölkerung und der aus dem Innern Frankreichs zuziehenden Franzosen. Aus den Ausweisungen wurde ein Hinauswerfen ohne Hab und Gut. Nicht genug damit, daß viele im wahrsten Sinne des Wortes ihre Heimat verlassen mußten, wurden sie wie Verbrecher hinausgejagt. Und aus den einzelnen Ausweisungen wurde ein ganzes System. Ein System im Dienste der Erringung der Sympathien der Einheimischen, indem diese durch anonyme Denunziation Konkurrenten von einem Tag zum anderen vertreiben oder sich an persönlichen Feinden rächen konnten.

Wilson war in Versailles unterlegen. Frankreich brauchte nicht mehr zu fürchten, daß eine Volksabstimmung in Elsaß-Lothringen ihm die „befreiten“ Provinzen wieder entführen könnte. Der Friedensvertrag war unterzeichnet. Es konnten keine militärischen Notwendigkeiten mehr sein, die Frankreich veranlaßten, die Ausweisung Deutscher aus Elsaß-Lothringen fortzusetzen. Der Wunsch der einheimischen Bevölkerung war es sicherlich nicht mehr. Diese hatte erkennen müssen, daß dem preußischen ein viel gewalttätigerer französischer Militarismus gefolgt war. Die Mißstimmung über die verlodderte französische Verwaltung wuchs von Tag zu Tag. Man schämte sich so mancher Heldentaten, die man in den ersten Wochen der französischen Besetzung gegen die wehrlosen Deutschen begangen hatte, ohne es freilich offen zuzugeben. Und mit Schrecken erkannte man, daß an Stelle eines verjagten deutschen Konkurrenten zwei Franzosen auf dem Platze erschienen. Freilich deutsche Gesinnung oder auch nur franzosenfeindliche Stimmung wird bis heute in der denkbar besten Weise durch französische Bajonette niedergehalten. Aber Eines steht fest: die Ursachen für die Ausweisungen liegen nun nicht mehr beim elsaß-lothringischen Volk, oder besser gesagt, nicht mehr m i t beim elsaß-lothringischen Volk.

Die Nebenursachen sind weggefallen, und so erkennen wir um so deutlicher, daß die Ausweisung Deutscher aus Elsaß-Lothringen nur eines der Mittel ist zur systematischen Verwelschung dieses deutschen Stammes und Landes, sowie zur Fortsetzung des Krieges in der Form des Wirtschaftskrieges gegen Deutschland. Man wirft den Deutschen zum Lande hinaus, nicht allein um den Einheimischen vor seinem Einfluß zu bewahren, sondern um Platz für Franzosen zu schaffen, um eine starke französische Herrenschicht in Verwaltung, Industrie und Handel im Lande zu begründen. Schule und Gericht, das ganze öffentliche Leben beherrscht die französische Sprache und französisches Denken. Offen wurde es mehrfach ausgesprochen, daß man ruhig eine Generation der einheimischen Bevölkerung verkümmern lassen müsse, um gute

Franzosen aus ihr zu machen! Das Selbstbestimmungsrecht der Völker!

b) WIRTSCHAFTLICHE.

Gleichzeitig setzt Frankreich mittels der Ausweisung den Wirtschaftskrieg gegen Deutschland fort.

Gegen den deutschen Handel und die deutsche Industrie haben England und Frankreich den Krieg in erster Linie geführt. Vernichtung unserer weltwirtschaftlichen Stellung ist der oberste Leitsatz des Friedensvertrages von Versailles. Als wichtigstes Mittel zur Erreichung dieses Zweckes wurde durch den Friedensvertrag die Liquidation aller deutschen Güter in den uns feindlichen Ländern ermöglicht. Die Stützpunkte, die sich der deutsche Handel in Form von Kapitalanlagen und durch Gründung deutscher Unternehmungen vor dem Kriege im Ausland geschaffen hatte, werden auf diese Weise der Vernichtung preisgegeben.

Die deutschen Unternehmungen und das deutsche Kapital in Elsaß-Lothringen sind infolge der Annexion der Reichslande durch Frankreich zu einem solchen Auslandsstützpunkt des deutschen Handels geworden. An der Zerstörung dieser Basis unseres Handels hat Frankreich ein ganz besonders großes Interesse. Während der 50-jährigen Vereinigung Elsaß-Lothringens mit Deutschland haben sich deutsche Arbeit und deutsches Kapital in Elsaß-Lothringen auf allen Gebieten der Wirtschaft eine zum Teil führende Stellung erobert. Die Lösung dieser eng wirtschaftlichen Verknüpfung Elsaß-Lothringens mit Deutschland ist für Frankreich eine Vorbedingung für seine rücksichtslose Romanisierungspolitik auf dem alten deutschen Kulturboden. Der Raub des deutschen Eigentums wirkt sich weiterhin aus in der von den Franzosen fanatisch angestrebten Schwächung der deutschen Volkswirtschaft. Auf welche Summe sich die im Besitze von Altdeutschen befindlichen Güter und Werte sich am Ende des Jahres 1918 in Goldmark ausgedrückt beliefen, läßt sich nicht berechnen. Einige Anhaltspunkte geben folgende von deutscher Seite erhobenen amtlichen Feststellungen:

danach beziffert sich der deutsche Kapitalbesitz in Goldmark ausgedrückt:

a) in den oberelsässischen Kaliwerken auf rund 200 Mill. M.,

b) in der unterelsässischen Erdölindustrie auf rund 48 Mill. M.

Bedenkt man, daß 1913 von den 18 Gesellschaften, die im lothringischen Erzbergbau tätig waren, und die zusammen im Jahre 1917 eine Minette-Förderung im Wert von 57 Mill. M. erzielten, 13 Gesellschaften in deutscher Hand waren, so läßt sich die gewaltige Höhe des im lothringischen Erzbergbau investierten deutschen Kapitals ermessen.

Von diesen großindustriellen Unternehmungen bis herunter zum Bankguthaben des kleinen Mannes erstreckt sich die Beschlagnahme aller deutschen Güter in Elsaß-Lothringen durch Frankreich. In den meisten Fällen mußten die ausgewiesenen Deutschen innerhalb 24 Stunden nach Bekanntgabe des Ausweisungsbefehls Elsaß-Lothringen verlassen haben, 30—50 kg Gepäck und 2000 M. Bargeld war alles, was sie mitnehmen durften. Ihr zurückgelassenes Hab und Gut wurde unter Sequester gestellt, wie überhaupt die Sequestration sämtlichen deutschen Privateigentums durch eine Verordnung des Generalkommissars der französischen Republik in Elsaß-Lothringen vom 30. November 1918 ermöglicht wurde. Diese sequestrierten Güter fielen später großenteils der Liquidation anheim. Auf diese Liquidation wird später zurückzukommen sein. An dieser Stelle sei unterstrichen, daß Frankreich mit der Liquidation der sequestrierten Güter in Elsaß-Lothringen bereits vor Abschluß des Friedensvertrags begann[1]). Militärische Notwendigkeiten sollen es gewesen sein, die zur Ausweisung von Tausenden von Deut-

---

1) Beschluß.

Der Generalkommissar der Republik beschließt:

Art. 1: Die Liquidation der Güter, Rechte und Interessen jeder Art, welche in Elsaß und Lothringen unter Sequester gestellt sind, kann durch Verordnung genehmigt werden, die auf Ersuchen

schen zwangen! War diese Liquidation auch militärische Notwendigkeit?

So achtete das „ritterliche“ Frankreich den Art. 6 des Waffenstillstandsvertrages.

Unter dem Druck der drohenden Sequestration und Liquidation verkauften viele Deutsche ihr Hab und Gut weit unter dem Werte und verließen „freiwillig“ Elsaß-Lothringen. Diese Freiwilligkeit wußten die Franzosen durch verschiedene Maßnahmen zu fördern.

Sofort nach der Besetzung Elsaß-Lothringens hatten sie eine Sonderung der „reinen“ von den „unreinen“ Elementen der elsaß-lothringischen Bevölkerung, d. h. der alteingesessenen von der aus Deutschland eingewanderten Bevölkerung, vorgenommen, indem sie den Paßzwang einführten, und durch besondere Merkmale der Pässe in Farbe und Aufdruck die Altdeutschen oder deren Abkömmlinge kennzeichneten. So waren sie in der Lage, die altdeutsche Bevölkerung in jeder Hinsicht anders zu behandeln, als die einheimische[1]).

---

der Staatsanwaltschaft von dem Präsidenten des örtlich zuständigen Landgerichts erlassen wird.

Straßburg, den **17. April 1919.**

Siehe Mitteilungen des Ausschusses vertriebener Elsaß-Lothringer (Organ des Hilfsbundes für die Elsaß-Lothringer im Reich), 1. Jahrg., Nr. 18, 1919.

1) Die elsaß-lothringische Bevölkerung wurde durch dieses Paßystem in vier Kategorien eingeteilt:

1. Elsaß-Lothringer, die bereits vor 1870/71 in Elsaß-Lothringen als französische Staatsbürger lebten, und deren Abkömmlinge.
2. Elsaß-Lothringer, deren Vater oder Mutter der unter 1) genannten Kategorie angehörten.
3. Ausländer, ausgenommen die Staatsangehörigen der bisher Frankreich feindlichen Staaten.
4. Deutsche Staatsangehörige, die seit 1870/71 nach Elsaß-Lothringen eingewandert sind, und deren Abkömmlinge.

Je nach Zugehörigkeit zu einer dieser vier Kategorien erhielt der Bewohner Elsaß-Lothringens eine A-, B-, C- oder D-Karte. Eine Beurteilung dieser „Kulturtat“, die sich in dieser Abstempelung von Menschen in höhere und niedere Klassen äußert, gehört nicht hierher.

Am 26. November 1918 verfügte die französische Regierung mit Geltung vom 15. Dezember 1918 die französische Münzwährung für Elsaß-Lothringen. Den „echten" Elsaß-Lothringern wurde ihr Besitz an deutschen Geldzeichen zum Kurse von 1 M. = 1,25 Fr. umgetauscht, die Deutschen dagegen mußten sich französisches Geld zum Tageskurs verschaffen, zu jener Zeit 1 M. = 70 Cts.[1]).

Immerhin blieb es noch unklar, ob alle Markschulden in Frankenwährung zu zahlen seien, und die deutsche Währung blieb noch neben der französischen bestehen.

Die Unterdrückung der Deutschen und ihre Ausschaltung als Konkurrenz sprach eine Verordnung Millerands, des damaligen Generalkommissars für Elsaß-Lothringen vom 4. April 1919 klar aus, die anordnete, daß alle Schulden an Elsaß-Lothringer in Franken, und zwar nach dem Kurse von 1 M. = 1,25 Fr. zu zahlen seien, auch von seiten der im Lande wohnhaften Deutschen, daß jedoch die Elsaß-Lothringer nur verpflichtet seien, ihre Markschulden gegenüber Deutschen nach dem Tageskurs (1 M. = 70 Cts.) zu begleichen. Letzters ergibt sich aus

1) Beschluß, betr. Die Münzwährung in Elsaß-Lothringen. Der Präsident des Ministerrates, Kriegsminister, beschließt:

§ 1. Vom 15. Dez. 1918 ab werden in den Bezirken Unter-Elsaß, Ober-Elsaß und Lothringen die im Deutschen Reich kursfähigen deutschen Silbermünzen, die in Mark zahlbaren Banknoten und anderen Zahlungsmittel, wie Reichsbanknoten usw., gesetzlichen Kurs nicht mehr haben.

§ 3. Die in den Bezirken usw. gegenwärtig im Umlauf befindlichen Silbermünzen und Noten werden gegen in Frankreich kursfähige französische Münzen und Banknoten im Verhältnis zu 1,25 Fr. für 1 M. umgetauscht werden. Dieser Umtausch wird bewilligt an Elsässer, an Lothringer und an diejenigen Angehörigen alliierter und neutraler Staaten, welche vor dem 1. August 1914 ihren Wohnsitz im Elsaß oder in Lothringen hatten.

§ 11. Die in Verträgen zwischen Elsässern und Lothringern, zwischen Elsässern oder Lothringern und Franzosen ausgedrückten Markbeträge werden vom 1. Dez. 1918 ab in Franken im Verhältnis von 1,25 Fr. für 1 M. umgerechnet.

Paris, den 26. November 1918. G. Clemenceau.

dem völligen Übergehen dieser Seite der Zahlungsfrage in der genannten Verordnung[1]).

Dies nur als Beispiel für das zielbewußte rücksichtslose Vorgehen der Franzosen. Meist führten politische Erwägungen in engster Verbindung mit wirtschaftlichen die Franzosen zur Ausweisung Deutscher aus Elsaß-Lothringen. Jedoch traten auch des öfteren politische Gründe in scharfen Gegensatz mit wirtschaftlicher Zweckmäßigkeit. Dafür ein Beispiel: Die einflußreichsten Kreise, so vor allem Lehrer, Rechtsanwälte, Hochschulprofessoren, Pfarrer und Beamte hatte man in erster Linie außer Landes gewiesen, oder ihrer Stellung enthoben, und auf diese Weise gezwungen, Elsaß-Lothringen „freiwillig" zu verlassen. Aber auch vor den untern Klassen machte man nicht Halt. Von seiten der Arbeiter fürchteten die Franzosen revolutionäre Propaganda, und so erleben wir das geradezu Unglaubliche, daß Frankreich auch lothringische Bergarbeiter ausweist, trotzdem schon im Frieden im lothringischen Erzbergbau großer Mangel an Arbeitern herrschte, und die mit vieler Mühe erst kurze Zeit vor dem Kriege angesiedelte deutsche Bergarbeiterschaft den besten Teil der dort Beschäftigten ausmachte, und den größten Teil der gelernten Kräfte stellte[2]). Frankreich konnte aus politischen Gründen auf diese wirtschaftlichen keine Rücksicht nehmen. So war

---

1) Der Generalkommissar der Republik erläßt unter Bezugnahme auf die Verordnung vom 26. Nov. 1918, betr. Münzregime in Elsaß und Lothringen, folgende Verordnung:

. . . Art. 2. Der Art. 11 der Verordnung vom 26. Nov. 1918 findet ebenfalls Anwendung auf jede nicht verfallene, in Elsaß oder Lothringen entstandene Verpflichtung, deren Ausführung die Zahlung einer in Mark festgesetzten Summe in Elsaß oder Lothringen durch einen dort wohnhaften Angehörigen eines feindlichen Staates an einen Elsässer, einen Lothringer, einen Franzosen oder einen vor dem 1. Aug. 1914 in Elsaß oder in Lothringen wohnhaften Angehörigen in sich begreift.

Straßburg, den 4. April 1919. gez. A. Millerand.

(S. Els.-Lothr. Mitt., 1. Jahrg., Nr. 11, 1919.)

2) S. Schriften d. Vereins f. Sozialpolitik, Bd. 106: Otto Bosselmann, Erzbergbau und Hüttenindustrie in Lothringen-Luxemburg.

z. B. der Generalstreik in Elsaß-Lothringen Ende April 1920, der alle Arbeiter und Beamten des Landes zu gemeinsamer Kundgebung gegen die französische Überfremdung zusammenführte, ein Grund für die Franzosen, gegen die deutschen Bergarbeiter in Lothringen vorzugehen. Von den Eisenhütten in Hagendingen war die Streikbewegung ausgegangen. Die deutschen Bergarbeiter mußten zum Unruhestifter gestempelt werden, um dem Ausland vorspiegeln zu können, in Elsaß-Lothringen stehe alles glänzend, und es seien nur die Deutschen schuld an den immerhin unerfreulichen Verhältnissen. Ja die Franzosen streuten sich selbst diesen Sand in die Augen. Der Ruf „Elsaß-Lothringen den Elsaß-Lothringern" wird deshalb nicht verstummen. Doch wir können uns nicht mit diesen die elsaß-lothringische Bevölkerung betreffenden Fragen beschäftigen.

B. DIE GRÖSSE DER WANDERUNGSBEWEGUNG.

Wir stellen zusammenfassend die Tatsache fest, daß Frankreich aus Rachsucht, aus berechtigter Furcht vor dem deutschen Einfluß in den „befreiten" Provinzen, sowie zur Fortführung des Krieges gegen Deutschland in Form des Wirtschaftskrieges über hunterttausend Deutsche um Heimat und Existenz gebracht hat.

Seit der Besetzung Elsaß Lothringens durch die Franzosen am 21. November 1918 bis 1. Oktober 1920 wurden aus Elsaß-Lothringen ausgewiesen bzw. haben unter dem Druck der politischen und wirtschaftlichen Verhältnisse Elsaß-Lothringen verlassen:

95415 Personen, darunter:

29083 Männer, 29492 Frauen, 36840 Kinder. In diesen Zahlen sind nur die Vertriebenen bzw. die „freiwillig" Ausgewanderten enthalten, die bei ihrem Übergang über den Rhein von deutscher Seite amtlich festgestellt wurden. In den ersten Wochen war an eine solche statistische Aufstellung nicht gedacht worden, — sie war auch völlig unmöglich — so daß sich in Wirklichkeit die angegebene Zahl noch um etwa 15000 schätzungsweise erhöhen dürfte, da gerade im Dezember 1918 und Januar 1919 die Ausweisungen einen Höhepunkt erreichten. Außerdem konnten etwa 1500 Elsaß-Lothringer infolge der Besetzung nicht nach ihrer Heimat zurückkehren (entlassene Soldaten). Diese Zahlen 15000 und 1500 sind die Schätzungen, die von amtlicher Seite bei endgültigen Zusammenstellungen über die vertriebenen Elsaß-Lothringer den statistischen Zahlen zugezählt werden. So rechnet man bis zum 1. Oktober 1920 mit 111915 nach Deutschland eingewanderten Elsaß-Lothringern.

Um ein Bild von dem Verlauf der Ausweisung und Auswanderung aus Elsaß-Lothringen zu geben, sei die folgende Zusammenstellung der monatlichen Zuwanderung nach Deutschland aus dem Reichsland hier eingefügt (soweit monatliche Aufstelllungen vorliegen):

Zeit	Männer	Frauen	Kinder	zusammen
bis 31. 8. 1919	20 685	18 944	23 743	62 872
vom 1. 9. „ —30. 9. 1919	1 545	2 899	3 863	9 307
„ 1. 10. „ —15. 10. „	1 720	2 241	2 878	7 049
„ 1. 11. „ —30. 11. „	994	1 543	1 705	4 242
„ 1. 12. „ —31. 12. „	601	699	874	2 174
„ 1. 1. 1920—31. 1. 1920	298	330	474	1 102
„ 1. 2. „ —29. 2. „	231	313	339	883
„ 1. 3. „ —31. 3. „	389	433	454	1 376
„ 1. 4. „ —30. 4. „	282	348	399	1 029
„ 1. 5. „ —31. 5. „	293	332	385	1 010
„ 1. 6. „ —30. 6. „	225	333	273	831
„ 1. 7. „ —31. 7. „	191	283	312	786
„ 1. 8. „ —31. 8. „	297	347	582	1 226
„ 1. 9. „ —30. 9. „	232	347	459	1 038
Summa	29 083	29 492	36 840	95 415
Dazu schätzungsweise:				15 000
				1 500
			Summa	111 915

Ein Denkmal der Rache Frankreichs.

Immerhin läßt sich annehmen, daß bedeutende Ausweisungen aus Elsaß-Lothringen nicht mehr erfolgen werden. Das ist die einzige erfreuliche Tatsache, die aus dieser Statistik hervorgeht. Auch jetzt wird noch mancher

Deutsche — Altdeutsche und Alt-Elsaß-Lothringer — aus innerer oder äußerer Notlage gezwungen, nach Deutschland kommen. Doch alles, was drüben über dem Rhein deutsch fühlt und denkt, kennt jetzt die Pflicht gegen die Verwelschung dieses alten deutschen Kulturbodens. Das ist der eine Grund, der eine weitere starke Auswanderung nach Deutschland unwahrscheinlich macht, aber mindestens gleich schwer dürfte die Notlage der in Deutschland sich aufhaltenden vertriebenen Elsaß-Lothringer in die Wagschale fallen. Deutschland ist es bis heute nicht gelungen, allen diesen Flüchtlingen Heim und Beruf, Ersatz für ihre Verluste zu schaffen.

Schwerste Klagen erheben diese um ihres Deutschtums willen ins Unglück geratenen Deutschen gegen das deutsche Volk und den deutschen Staat. Ob zu Recht oder zu Unrecht, können wir an dieser Stelle selbstverständlich noch nicht entscheiden. Durch Betrachtung der wirtschaftlichen Lage Deutschlands, sowie der inneren und äußeren Verhältnisse der Flüchtlinge, wollen wir uns die Schwierigkeiten vor Augen führen, unter denen sich diese Eingliederung größerer Bevölkerungsgruppen in unsere Volkswirtschaft vollzieht. Auf diese Weise werden wir in der anschließenden Besprechung der bis heute durchgeführten Hilfsmaßnahmen über ein Urteil darüber, ob die Klagen der Flüchtlinge berechtigte sind, hinaus, auch in der Lage sein, zu der anderen Frage Stellung zu nehmen, wie das bisherige Verhalten der deutschen Behörden und des deutschen Volkes gegenüber den vertriebenen Elsaß-Lothringern unter allgemein volkswirtschaftlichen Gesichtspunkten zu beurteilen ist.

II. HAUPTTEIL.

DER WANDERUNGSVORGANG ELSASS-LOTHRINGISCHER BEVÖLKERUNGSGRUPPEN UNTER DEM GESICHTSPUNKT DER EINWANDERUNG NACH DEUTSCHLAND.

A. DIE BEDEUTUNG DER EINWANDERUNG IM RAHMEN ALLGEMEINER WANDERUNGSERSCHEINUNGEN.

Wir müssen uns in erster Linie vergegenwärtigen, welche Bedeutung einer Einwanderung von dieser Größe ganz allgemein betrachtet — d. h. von den besonderen Verhältnissen im hier behandelten Falle zuerst völlig abgesehen — zukommt, um dann unter Berücksichtigung der heutigen wirtschaftlichen Notlage Deutschlands und des schweren Loses der Vertriebenen unsere Beurteilung den konkreten Verhältnissen anzupassen.

Jedermann dürfte von der gewaltigen Zahl dieser von Heim und Arbeitsstätte aus Elsaß-Lothringen vertriebenen Volksgenossen überrascht sein. Als Verkörperung von Not und Schmerzen, von Verlusten materieller und seelischer Art, spricht dieser Zahlenausdruck zu uns. Und als Glieder unseres Volkes mitten im Erleben der kranken Zustände unserer Wirtschaft treten unwillkürlich im Hinblick auf diesen Zuwachs unserer Bevölkerung drei Fragen vor uns auf: die Arbeitslosigkeit, die Lebensmittelknappheit und die Wohnungsnot!

Aber wie ich schon gesagt, zur genauen Beurteilung dieses Einwanderungsproblems müssen wir aus unserer Zeit heraustreten und Gefühle und Erleben zum Schweigen bringen. Mit dem rein wissenschaftlichen Interesse, festzustellen, welche Bedeutung dieser Wanderungserscheinung im Rahmen allgemeiner Bevölkerungsbewegungen zukommt, treten wir an sie heran. Eine neue Erscheinung läßt sich am besten in ihrer Tragweite erkennen, wenn man in der Vergangenheit an ähnlichen Vorgängen einen Maßstab findet. So suchen wir nach Parallelen in der Geschichte, nach Wanderungen an anderen Orten und zu früherer Zeit. Diese Betrachtungsweise wird uns zeigen, daß rein äußerlich, rein quantitativ diese Bevölkerungsverschiebung völlig für sich betrachtet, keine besondere Hervorhebung verdienen würde.

Mit welchen Zahlen wir bei Ein- und Auswanderungen zu rechnen haben, zeigt uns am deutlichsten ein Blick auf die Einwanderung in die Vereinigten Staaten von Amerika[1]).

Diese betrug im Jahre:

1905	1 026 499
1906	1 100 735
1907	1 285 349

In Australien betrug die Einwanderung im Jahre 1900: 260 000.

Bei einer Gegenüberstellung dieser Zahlen mit der Zahl der in 20 Monaten nach Deutschland eingewanderten rund 110 000 Elsaß-Lothringer wird die letztere Zahl in den Schatten gestellt.

So oberflächlich können wir nun freilich nicht vorgehen. Der Einwanderung in die Vereinigten Staaten innerhalb eines Jahres müssen wir die gesamte Einwanderung nach Deutschland innerhalb der letzten beiden Jahre gegenüberstellen. Neben den Vertriebenen aus den Reichslanden sind die Rückwanderer aus dem Ausland und den Kolonien ebenso zu berücksichtigen, wie die aus Polen und den slavischen Ländern verdrängten Deutschen.

Eine Statistik der aus dem Auslande und aus den Deutschland entrissenen Grenzlanden seit Kriegsausbruch

---

1) S. Artikel Auswanderung im Hdw. d. St.

bzw. seit dem Waffenstillstand nach dem Mutterland zurückgewanderten bzw. vertriebenen Deutschen gibt es nicht. Von der Größe dieser Einwanderung kann man sich jedoch eine Vorstellung verschaffen aus einzelnen Angaben über die Zahl der vor dem Kriege im Ausland ansässigen Deutschen. In einem Ergänzungsheft zu den Vierteljahrsheften zur Statistik des Deutschen Reiches (Jahrg. 1916 IV), das von den Deutschen im Ausland handelt, finden wir Statistiken über die Zahl der Auslandsdeutschen in 15 europäischen Staaten. Die Statistiken stammen sämtlich aus den Jahren 1901—1911. Leider machen diese Statistiken zumeist keinen Unterschied zwischen den in Deutschland geborenen und den deutschen Reichsangehörigen, so daß sich ein genaues Bild der deutschen Staatsangehörigen in diesen Ländern nicht ergibt. Da sich die Zahl der in Deutschland Geborenen plus den deutschen Staatsangehörigen in diesen 15 europäischen Staaten auf 675581 beläuft, so handelt es sich auf alle Fälle um mehrere Hunderttausend deutsche Staatsangehörige allein in diesen 15 europäischen Staaten. Für eine erzwungene Rückwanderung Auslandsdeutscher ins Mutterland kommen jedoch nur unsere Feindstaaten in Betracht. Unter den 15 angeführten europäischen Staaten befindet sich in erster Linie Frankreich mit 89772 deutschen Reichsangehörigen im Jahre 1901, ferner England mit 56467 in Deutschland Geborenen im Jahre 1911, Belgien mit 57010 deutschen Reichsangehörigen im Jahre 1910. Von diesen rund 200000 Deutschen dürften heute nicht mehr allzuviele in Frankreich, England und Belgien ansässig sein. Der Bund der Auslandsdeutschen e. V. mit Sitz in Berlin, der die Interessen der nach Deutschland zurückgekehrten Auslandsdeutschen vertritt, zählt zurzeit etwa 61000 Mitglieder. Meist ist nur der Familienvorstand dem Bund als Mitglied beigetreten, höchstenfalls noch erwachsene Kinder. Der Geschäftsführer des Bundes nimmt an, daß mindestens eine gleich große Zahl von in Deutschland befindlichen erwachsenen Auslandsdeutschen dem Bunde noch nicht beigetreten ist.

Eine nähere Bestimmung der aus den uns entrissenen Grenzlanden sowie aus dem ehemaligen Österreich-Ungarn vertriebenen und verdrängten Volkgenossen ist unmöglich. Der deutsche Schutzbund für Grenz- und Auslandsdeutsche mit Sitz in Berlin schätzt allein die seit Kriegsende aus der Tschecho-Slowakei nach Deutschland eingewanderten Deutschen auf 40 000.

Im Zusammenhang mit dieser von allen Seiten in das durch den Versailler Frieden stark verkleinerte Deutschland von allen Seiten stattfindenden Rückwanderung steigert sich rein quantitativ betrachtet das elsaß-lothringische Einwanderungsproblem in starkem Maße.

In ein Verhältnis können wir jedoch diese Einwanderung zu der oben angedeuteten in die Vereinigten Staaten nur bringen, indem wir die Bevölkerungsziffer und die Größe der beiden Länder, also ihre Bevölkerungsdichte vergleichen. Auch dieser Vergleich steigert die Einwanderungserscheinung der letzten beiden Jahre nach Deutschland gegenüber der Einwanderung in die Vereinigten Staaten. Die Vereinigten Staaten zählten 1900 — also etwa zur Zeit der oben ziffermäßig dargelegten Einwanderung — 76 303 387 Einwohner und umfaßten ein Land von 9 383 029 qkm. Deutschland hatte vor dem Kriege im Jahre 1910 eine Bevölkerung von rund 68 000 000 und umfaßte ein Gebiet von 540 857 qkm. Durch den Frieden von Versailles haben sich diese Zahlen für Deutschland stark verändert. Wir haben weite Strecken Landes und große Bevölkerungsteile verloren, doch dürfte die durchschnittliche Bevölkerungsdichte durch die Losreißung unserer Ostprovinzen noch wesentlich gestiegen sein, da gerade der Osten Deutschlands eine schwache Besiedelung aufweist. Auf 1 qkm kamen im Jahre 1900 in den Vereinigten Staaten 9 Einwohner, 1910 in Deutschland 120, nach dem Gesagten im Jahre 1920 — also zur Zeit der Einwanderung der vertriebenen Elsaß-Lothringer — voraussichtlich mehr als 120. Nehmen wir die Entwicklungsmöglichkeiten und die Grundlagen der beiden Volkswirtschaften als völlig gleiche an, so ist es klar, daß diese

Einwanderungsbewegung für Deutschland eine ungleich schwerwiegendere Tatsache ist, als für die Vereinigten Staaten, und zwar auf Grund der bedeutend höheren Bevölkerungsdichte in Deutschland.

Aber wir erkennen, daß solche rein quantitative Betrachtungsweise nicht zu einer Beurteilung der inneren Bedeutung und zu einem vollkommenen Vergleich dieser Wanderungsbewegungen führen kann. Die Bedeutung einerseits, die solche Einwanderung für eine Volkswirtschaft besitzt, und andererseits die Aufgaben, die ihr durch sie erwachsen, sind nicht allein von der zahlenmäßigen Größe der Einwanderung allein abhängig. Der Entwicklungsgrad der Volkswirtschaft, der Grund und Boden, in der sie wurzelt, und ihre Entwicklungsmöglichkeiten müssen ebenso sehr berücksichtigt werden, wie die wirtschaftliche Lage der Einwanderer und ihre innere Einstellung zur Wanderung. Erst durch einen Vergleich solcher Gegebenheiten läßt sich die wahre Tragweite der von uns zu behandelnden Einwanderung der vertriebenen Elsaß-Lothringer erkennen.

Doch bevor wir einen solchen Vergleich in aller Kürze versuchen, müssen wir noch ein Allgemeines zur Wanderungsfrage erläutern.

Im Gegensatz zur Aus- bzw. Einwanderung steht die sogenannte Binnenwanderung. Auch diese Binnenwanderungen haben zeitweise bedeutenden Umfang angenommen. So hatte Ostpreußen in den 65 Jahren von 1840—1905 einen Verlust durch solche Wanderungen innerhalb der deutschen Staaten von 633000 Seelen, Berlin einen Zuwachs von 1000000, das Rheinland von 343000 Seelen zu verzeichnen. Vor welche schwerwiegenden Aufgaben eine Volkswirtschaft durch solche Bevölkerungsbewegung innerhalb ihrer Grenzen gestellt wird, geht aus der zur Genüge bekannten Landarbeiterfrage hervor, die ihren Ursprung in der Landflucht hat, d. h. der vor dem Kriege jährlich 400000 Menschen betragenden Abwanderung vom Lande in die Stadt.

Wir müssen uns an dieser Stelle die Frage vorlegen, unter welche Kategorie von Wanderungen die elsaß-lothringische Zuwanderung nach Deutschland zu stellen ist. Mit Rücksicht auf die ihre Wohn- und Arbeitsstätte wechselnde deutsche Bevölkerung ist man versucht, von einer Binnenwanderung zu sprechen, Deutsche sind es, die in Deutschland Heim und Arbeit suchen. Jedoch wenn wir uns an die Definition von Wirminghaus halten, die dieser im Hdw. d. St. im Artikel „Binnenwanderung" gibt, müssen wir von einer Einwanderung sprechen. Er gibt für die Unterscheidung als maßgebend an, daß die politischen Grenzen bei der Wanderung überschritten werden. Und wenn auch in der Zeit des Waffenstillstandes die Grenze Deutschlands noch auf dem Vogesenkamme lief, effektiv war der Rhein damals bereits zur Grenze geworden. Allerdings dürfte die politische Grenze weniger ausschlaggebend sein, als vielmehr die Grenzen der Volkswirtschaft. Diese müssen keineswegs mit den politischen sammenfallen. Luxemburg war vor dem Kriege wirtschaftlich so eng mit uns verbunden, daß von einer Binnenwanderung zwischen Luxemburg und Lothringen bzw. den Rheinlanden usw. wohl gesprochen werden kann. Und unter diesem Gesichtspunkt muß in unserem Fall erst recht von Einwanderung gesprochen werden, denn der Uebergang Elsaß-Lothringens aus der deutschen in die französische Volkswirtschaft ist mit der Besetzung durch die Franzosen vollzogen worden, wobei nur an die bereits im Dezember 1918 durchgeführte Einführung der französischen Währung erinnert sei, sowie an die völlige Einverleibung in das französische Zollgebiet. So sprechen wir auch im weiteren von einer Aus- und Einwanderung, und wir wenden uns nun dem oben angedeuteten Vergleich zu.

Schon mehrfach haben wir von den Aufgaben gesprochen, vor die Deutschland durch die Einwanderung der vertriebenen Elsaß-Lothringer gestellt wird. Und hier liegt der große Unterschied zwischen dieser Einwanderung nach Deutschland und den großen Einwanderungen nach den Vereinigten Staaten klar zutage, wenn wir feststellen, daß solche Aufgaben für die Vereinigten Staaten überhaupt nicht bestanden. In zwei Faktoren ist dieser Unterschied vor allem begründet:

1) in der noch schwachen Besiedelung des Landes in den Vereinigten Staaten;

2) in der Zusammensetzung und inneren Verfassung der Einwanderer.

Weite Strecken Landes harrten in den Vereinigten Staaten noch ihrer Verwendung, große Mengen von Arbeitskräften wurden benötigt zur Hebung der ungeheuren Bodenschätze des Landes. Im Jahre 1900 wurde noch in vielen Teilen des Westens der Vereinigten Staaten jungfräulicher Boden zum Getreidebau verwandt, und im Jahre 1901 wurden 253 Mill. Tonnen Kohle gefördert. Die Kohlenlager der Vereinigten Staaten werden auf 1400 Milliarden Tonnen geschätzt.

Ernährungsmöglichkeiten für Millionen von Menschen waren vorhanden, und diese auszunützen, kamen die Einwanderer. Und dieses Moment, das die Auswanderung veranlaßte, darf nicht unterschätzt werden. Zur Verbesserung der Lebensbedingungen zogen diese Menschen nach Amerika, freiwillig, eingestellt auf die Arbeit, die sie dort finden würden, um als Farmer oder Bergarbeiter sich emporzuarbeiten. Die Vereinigten Staaten hatten keine Verpflichtung gegenüber diesen Massen. Diese kamen freiwillig, sie mochten für ihr Weiterkommen sorgen oder zugrunde gehen. Und dieser Strom von Arbeitskraft erhöhte die Leistung der Volkswirtschaft und vergrößerte den Nationalreichtum der Vereinigten Staaten.

Aehnlich war es mit der Einwanderung nach Preußen unter Friedrich dem Großen. Preußen war arm an Menschen. 250000 Emigranten[1]) aus verschiedenen Ländern wußte Friedrich der Große anzusiedeln, und sich so einen gesunden Bauernstand zu schaffen. Die Arbeitskraft aus anderen Ländern war das höchste Gut, das zu jener Zeit nach Preußen eingeführt werden konnte.

1) Artikel Émigration in La Grande Encyclopédie.

In diesem Zusammenhang sei noch auf die Auswanderung von Elsaß-Lothringern im Jahre 1871 nach Frankreich hingewiesen. Der von den Franzosen so viel bescholtene Frankfurter „Gewaltfrieden" hatte den Elsaß-Lothringern bis 1873 Zeit gelassen, für Frankreich zu optieren. Die Optanten mußten nach der Option Elsaß-Lothringen verlassen, ohne irgendeinen Verlust ihres Eigentums zu erleiden. 159 729 Elsaß-Lothringer optierten von 1871—73 für Frankreich, aber nur 59 726 wanderten tatsächlich aus. Die anderen Optionen wurden für ungültig erklärt[1]).

Diese 59 000 Elsaß-Lothringer hatten also 2 Jahre Zeit ghabt, sich eine neue Existenz in Frankreich zu suchen, und trotz des politischen Druckes, der sie auf den Gedanken der Auswanderung brachte, war ihr Entschluß doch ein freiwilliger. Sie bedeuten keine Belastung für Frankreich, im Gegenteil eine Stärkung seiner Bevölkerung und auch seines Wohlstandes, da sie sich vor allem aus bemittelten Bürgerkreisen rekrutierten und ihren gesamten Besitz in ihre neue Heimat mitnehmen konnten.

So sind diese Einwanderungen in Amerika, in das friderizianische Preußen und in das Frankreich von 1871 eine Stärkung für das Zuzugsland. Vorbedingung für diese stärkende Wirkung war:

1) Die Aufnahmefähigkeit des Zuzugslandes, d. h. dessen wirtschaftliche Lage, der unausgenützte Nahrungsspielraum, ja geradezu der Hunger nach Menschen.

2) Die Einwanderung von Menschen, die von vornherein eingestellt waren auf die Arbeitsmöglichkeiten in dem Aufnahmestaat, und die beseelt waren von starkem Willen und Unternehmungsgeist, oder doch in Verhältnissen lebten, die ihnen die Neugründung einer Existenz ermöglichten.

Die Untersuchung, wie es um diese Vorbedingungen bei der elsaß-lothringischen Einwanderung nach Deutschland seit November 1918 bestellt ist, muß unsere nächste Aufgabe sein.

---

1) Artikel Alsace-Lorraine in La Grande Encyclopédie.

B. VORAUSSETZUNGEN FÜR DIE AUFNAHMEFÄHIGKEIT NEUER BEVÖLKERUNGSTEILE IN DIE DEUTSCHE VOLKSWIRTSCHAFT UND DIE BESCHAFFENHEIT DER ZUWANDERER.

1. DEUTSCHLANDS WIRTSCHAFTLICHE NOTLAGE.

Ein klares, scharfes Bild von der heutigen wirtschaftlichen Lage unseres Vaterlandes zu geben, dürfte eine Unmöglichkeit sein. Der lange Krieg, die Niederlage und die Revolution, sowie die ungeheuerlichen Lasten, die uns der Friede von Versailles auferlegt hat, sind in ihrer Auswirkung mit ihren rein äußerlich tatsächlichen und ihren psychologischen Folgen noch nicht endgültig zu beurteilen. Der Versuch einer solchen Beurteilung würde uns auf alle Fälle im Rahmen dieser Abhandlung viel zu weit führen. Hier muß es genügen, durch Hinweis auf einzelne Erscheinungen ohne näheres Eingehen auf Einzelheiten ein allgemeines Bild davon zu geben, warum die Einwanderung der vertriebenen Elsaß-Lothringer für das deutsche Volk infolge der durch den Krieg, die Revolution und den Frieden von Versailles erschwerten Existenzbedingungen keine Stärkung, sondern eine weitere schwere Belastung bedeutet.

Vor dem Kriege ist es dem deutschen Volk möglich gewesen, nicht nur Arbeits- und Ernährungsmöglichkeit für einen jährlichen Zuwachs von durchschnittlich 800000 Menschen zu schaffen, sondern gleichzeitig die Lebenshaltung des gesamten Volkes zu heben.

Daß die deutsche Volkswirtschaft die immer stärker anwachsende Bevölkerung zu erhalten imstande war, zeigt sich deutlich in den Auswanderungsziffern. Gegenüber einer Auswanderung von 76000 Seelen bei einer Bevölkerung von 41 Millionen im Jahre 1871 betrug die Auswanderung im Jahre 1905 nur 28000 Seelen bei einer Bevölkerung von rund 60 Millionen. Und zwar bedeutet das Jahr 1905 keine Sondererscheinung. Nachdem in den Krisenjahren die Auswanderungsziffer bis auf 220000 im

Jahre 1881 gestiegen war, ging sie bis zum Jahre 1900 ständig zurück und belief sich im Jahre 1900 auf 22000, um im Jahre 1905 auf 28000 anzusteigen.

Das Steigen der Lebenshaltung des deutschen Volkes vor dem Kriege zeigt sich deutlich in seinem erhöhten Konsum, was besonders in einer „Verallgemeinerung qualitativ höher stehenden Güterkonsums"[1]) hervortritt:

Auf den Kopf der Bevölkerung entfielen an Verbrauch in Kilogramm im Durchschnitt der Jahre:

	1871/75	im Jahre 1913
Reis	1,55	3,56
Südfrüchte	0,57	4,44
Tee	0,02	0,06
Kaffee	2,27	2,44[2])

Es war dem deutschen Volk gelungen, seinen Zuwachs an Bevölkerung in solchen Produktionszweigen unterzubringen und dort seine Arbeitsleistung zur Geltung kommen zu lassen, wo sich die Gütererzeugung nach dem Gesetz vom steigenden Ertrag vollzieht. Eine solche Verwendung der Volksvermehrung bewirkt in einem Volk, wie Mombert in seiner „Bevölkerungspolitik nach dem Kriege" (Tübingen 1916), bemerkt, eine stärkere Zunahme des Volkseinkommens als seine eigene Zunahme beträgt. Der Nahrungsspielraum, die Bevölkerungskapazität der deutschen Volkswirtschaft hatte sich beständig erweitert. Eine immer steigende Zahl von Menschen fand Arbeit, die sie ernährte, und Wohngelegenheit auf deutschem Boden. Aber freilich die Nahrung — sowohl im engeren Sinne die zum Leben nötigen Ackerfrüchte, als auch im weiteren Sinne alle zur Befriedigung menschlicher Bedürfnisse nötigen Produkte — entstammen zum großen Teil nicht deutscher Erde. Ein immer größerer Teil unseres Volkes wurzelte mit seiner Existenz völlig im Export. Nicht allein verschafften wir uns durch Export unserer Arbeit —

1) S. Philippovich, Grundriß der politischen Ökonomie, Bd. 1, 13. Aufl. Tübingen 1919, S. 405.

2) Statist. Jahrb. f. das Deutsche Reich, Jahrg. 1914.

denn die Arbeit, mit der wir eingeführte Rohstoffe in Industrie und Gewerbe in Fertigfabrikate umwandelten, war unser wichtigstes Exportgut[1]). — im Warenverkehr mit anderen Ländern Güter zur Verbesserung und Verfeinerung unserer Lebenshaltung, sondern in hohem Maße auch die zum Leben nötigen Güter, wie Brot und Fleisch. Unsere Landwirtschaft konnte unser wachsendes Volk nicht mehr ernähren. Sie war hierzu um so weniger in der Lage, als die Industrie mit ihren höheren Löhnen, mit ihren besser geregelten Arbeitsverhältnissen, mit ihrem verführerischen städtischen Glanz, die Massen vom Lande in die Stadt zog. Im Jahre 1870 lebten 26,22 Millionen Einwohner auf dem platten Lande, 1910 waren es noch 25,95 Millionen. In der gleichen Zeit nahm aber die Stadtbevölkerung von 14,79 Millionen auf 39,97 Millionen zu[2]). Der Landwirtschaft mangelte es an den nötigen Kräften zu intensiver Bebauung und Erzielung höherer Erträge, da aber durch den Export unserer Industrieprodukte die Lebensmittel zum Teil billiger aus dem Ausland bezogen werden konnten, als ihre Herstellung im Inland gekostet hätte, wir mit andern Worten einen geringeren Arbeitsaufwand nötig hatten, wenn wir unser Brot zu einem gewissen Teil im Ausland kauften, statt es im Inland selbst anzubauen, verlief unsere Entwicklung weiter zum Industriestaat. Wir waren bald vollkommen auf den Weltmarkt angewiesen, um leben zu können. Die Arbeitsteilung mit anderen Völkern wurde eine immer vollkommenere. Diese Arbeitsteilung hat uns vor dem Kriege reich und mächtig gemacht. Aber das Gefährliche dieses weltwirtschaftlichen Zusammenschlusses mit andern Völkern lag in der Einfuhr von Rohstoffen und landwirtschaftlichen Erzeugnissen, ohne die unser Volk in seiner vor-

1) Unsere Ausfuhr betrug im Durchschnitt der Jahre 1911/13 rund 9 Milliarden. Davon entfielen 5,754 Milliarden auf Fabrikate (Mombert, Bevölkerungspolitik nach dem Kriege, Tübingen 1916).

2) Feig, J., Nachfrage und Angebot auf dem Wohnungsmarkt, Die Wohnungs- und Siedelungsfrage nach dem Kriege. Hrsg. von C. J. Fuchs. Stuttgart, Meyer-Ilschen, 1918.

kriegszeitlichen Größe nicht leben kann. Von 10,396 Milliarden Einfuhr im Durchschnitt der Jahre 1911/13 waren für 3,080 Milliarden Mark Lebensmittel und Vieh[1]). Wir waren mächtig geworden, aber abhängig von fremden Märkten. Eine Stockung des Absatzes unserer Exportindustrie mußte vielen Tausenden von Deutschen den Hunger bringen. So konnte Oldenberg schon 1897 auf dem evangelisch-sozialen Kongreß sagen:

„Die wachsende exportindustrielle Bevölkerung findet in einer nicht fernen Zukunft weder Absatz für ihre Produktion noch Brot für ihre Existenz. Man will Deutschland mächtiger machen und verstrickt es immer tiefer in fremde Ketten . . . . Selbständigkeit, das ist die Macht ohne Breitspurigkeit."

Doch darüber zu diskutieren, ob wir vor dem Kriege die Möglichkeit und die Pflicht hatten, in dem von Oldenberg hier angedeuteten Sinne unserer Entwicklung eine andere Richtung zu geben, oder ob es um unserer kulturellen Förderung willen nötig war, in engster Fühlung mit der Weltkultur zu stehen und uns von dem Agrar-Manufakturstand zum Agrar-Manufakturhandelsstaat zu entwickeln mit einer Verschiebung des Schwergewichts auf Manufaktur und Handel, hat heute keinen Zweck mehr.

Wir mußten auf diese vorkriegszeitliche wirtschaftliche Struktur Deutschlands hinweisen, um uns klar zu machen, in welchem furchtbaren katastrophalen Zustand unsere Volkswirtschaft sich heute befindet. Der Versailler „Frieden" hat Deutschland nicht nur schwere Lasten aufgebürdet, er hat ihm einen Teil seiner Lebensbedingungen genommen.

Sämtliche Säulen, auf denen unser Export, von dem ein Teil unseres Volkes lebte, ruhte, sind zerbrochen. Die deutschen Kaufleute, die allenthalben in der Welt, unsere Ein- und Ausfuhr vermittelnd, sozusagen unsere lebendigen Kolonien waren, sind aus den Entente-Staaten verjagt, unsere Handelsflotte ist uns genommen — von dem uns gebliebenen Rest kann man nicht sprechen — das deutsche

1) Mombert, a. a. O.

Kapital im Ausland, dessen Zinsen es uns ermöglichten mehr Waren aus dem Ausland einzuführen, als wir nach dort exportierten, ist liquidiert, unsere Kolonien sind uns geraubt. Alle Waffen, mit denen wir vor dem Kriege unserer Industrie die Bahn für ihren Absatz auf den Weltmarkt freihielten, sind uns genommen. So bliebe nur zu hoffen, daß diese Bahn frei bliebe, weil die anderen Völker ein solches Bedürfnis nach unseren Fabrikaten haben, daß sie von sich aus unsere Waren in ihre Gebiete leiten. Auch daran ist wohl kaum zu denken. Abgesehen davon, daß unsere Feindstaaten — und dazu gehört ja fast die ganze Welt — während des Krieges alle bis zu einem gewissen Grad eine Nationalisierung ihrer Volkswirtschaft erstrebten, um sich wenigstens von der Abhängigkeit von Deutschland freizumachen, ist zu bedenken, daß auch unsere Gegner durch den Krieg ärmer geworden sind. Der Krieg hat überall ungeheure Werte zerstört, und die Verarmung aller Länder muß sich auch in ihrer Kaufkraft bemerkbar machen. Auch sie können manche Bedürfnisse nicht mehr befriedigen, die sie vor dem Kriege aus Exportartikeln unserer Industrie befriedigten. Andererseits versuchen sie gewiß, die Lücken, die der Krieg in ihrer Versorgung gerissen hat, zu füllen. Aber diesen Bedarf werden sie möglichst durch ihre eigene Industrie zu decken suchen. Auch das Valutaproblem muß an dieser Stelle erwähnt werden. Unsere Valuta, d. h. der Wert unserer einheimischen Zahlungsmittel gemessen am Wert der Zahlungsmittel ausländischer Staaten ist in ungekannter Weise ungünstig für uns. Die völlige Zerrüttung unserer Geldverfassung, die aus einer Goldwährung zur Papierwährung geworden ist, und die trostlose Lage unserer wirtschaftlichen und politischen Verhältnisse, zu denen niemand mehr rechtes Vertrauen haben kann, prägen sich darin aus, wenn die deutsche Mark im Ausland heute zum Teil nur noch den zehnten bis zwanzigsten Teil ihres früheren Wertes vertritt. Es würde zu weit führen, den schädigenden Einfluß unserer schlechten Valuta auf unseren Export darzulegen. Nur so viel sei gesagt, daß anfangs, als unsere Preise sich dem Weltmarktpreise, d. h. dem Preise, den unsere Waren umgerechnet in die fremden Valuten darstellen, noch nicht angepaßt hatten, die Ausländer einen großen Ausverkauf in Deutschland veranstalten konnten. Dadurch wurde im Herbst 1919 und im Winter 1919/20 das Wiederaufleben unseres Exportes in vorkriegsmäßigem Ausmaß vorgetäuscht. Dieser Zustand konnte nicht andauern. Von Staatswegen mußte dagegen vorgegangen werden, um zu verhindern, daß deutsche Waren ins Ausland gingen, ohne daß dadurch Forderungen Deutscher entstanden wären, mit denen ausländische Waren gleichen Wertes hätten bezogen werden können. Heute, da sich unsere Exportpreise zum Teil zwangsweise dem Weltmarktpreis, also dem wahren inneren Wert der Waren in Gold ausgedrückt, angepaßt haben, liegt die schädigende Wirkung unserer Valutaverhältnisse in den großen Schwankungen, die alle Kostenvorberechnung unmöglich machen.

Wenn der Vorsitzende der deutschen Delegation auf der Finanzkonferenz in Brüssel am 28. September 1920 erklärt:

> **„Unsere Aufgabe muß darin bestehen, das enorme Defizit des deutschen Außenhandels zu begleichen. Es ist dies das einzige Mittel, den Verpflichtungen nachzukommen, die wir übernommen haben. Wir müssen Rohstoffe einführen und Fertigfabrikate ausführen. Unsere Arbeit ist unser bestes Exportgut“,**

so soll diese Aufgabe nicht geleugnet werden. Aber die Höhe von vor dem Kriege wird unsere Exportindustrie auf absehbare Zeit nicht mehr erklimmen. Man müßte schon mit unberechenbaren Faktoren rechnen, wie etwa mit einer neuen uns günstigen politischen Konstellation in der Welt. Die heutigen Tatsachen können wir jedoch nicht umgehen. Es sei noch unterstrichen, daß unser Vertreter in Brüssel betonte, daß unser Export für die Verpflichtungen aufkommen muß, die uns in Versailles aufgezwungen wurden! So würde auch ein gewaltig gesteigerter Export uns noch keine neuen Werte, keine Nahrung bringen.

Weiter verschlechtert wird die Lage unserer Industrie durch die Schwächung des inneren Marktes, wie sie durch die Verarmung unseres Volkes durch die Kriegsschulden und die Leistungen an die Gegner herbeigeführt worden ist, und endlich auch durch den Rückgang der Arbeitslust und Arbeitsintensität unserer Arbeiterschaft. Gar mancher Industriezweig konnte außerdem vor dem Kriege nur bestehen infolge der Hungerlöhne in der Hausindustrie. Solche Zustände dürfen nicht wiederkehren.

Es kommt aber als wichtiger Faktor hinzu, daß unsere Industrie nicht nur in ihrer Exportstellung und ihren inneren Absatzverhältnissen, sondern auch in ihrer Produktionsstellung erschüttert ist. Es ist unmöglich, auf alle die ungeheuerlichen Kautelen des Friedensvertrages hinzuweisen, wie z. B. die Beeinträchtigung der Ausnützung unseres Patentrechtes. Es sei nur an den Verlust von Kohle und Eisen erinnert. 75 % unserer Erzgewinnung ist uns durch den Verlust Lothringens genommen. Für die Kohlenversorgung fällt das Saargebiet völlig aus, über das Schicksal Oberschlesiens wird erst die kommende Volksabstimmung entscheiden und somit auch darüber, ob der deutschen Industrie die oberschlesische Kohle verbleibt, aus dem Ruhrgebiet müssen wir jährlich Millionen von Tonnen Kohle an die Entente abliefern.

Gegen diese Ausführungen könnte verschiedentlich eingewandt werden, es handle sich nur um vorübergehende Erscheinungen und Erschwerungen. Zusammenfassend wird man aber zugeben müssen, daß keine Aussichten für die nächste Zukunft bestehen, wonach unsere Industrie nach innen und nach außen den Stand wieder einnehmen könnte, den sie vor dem Kriege erreicht hatte. Unsere Industrie wird in ihrem Umfang zurückgehen. Sie wird bedeutend weniger Menschen beschäftigen und ernähren als vor dem Kriege. In welchem Ausmaß dies der Fall sein wird, darüber fehlen wohl sichere Anhaltspunkte.

Nur das Eine sei noch erwähnt: Wenn man aus einem Vergleich der Zahl der Arbeitslosen in der Industrie des Jahres 1919 und 1920 den Schluß zieht, die Arbeitslosigkeit habe gewaltig abgenommen und somit sei erwiesen, daß unsere Industrie sich erhole, so ist dies falsch. Die Arbeitslosen im Februar 1919 z. B., die sich im ganzen Reich auf 1100000 beliefen, waren entlassene Soldaten, die noch keine Stellung gefunden hatten, während die annähernd 400000 Arbeitslosen im Juni 1920 bereits in Betriebe eingestellt gewesen sind und nur wegen Mangel an Aufträgen der sie beschäftigenden Industrien wieder entlassen worden sind. So ist ein Vergleich dieser Zahlen unmöglich. Seit April dieses Jahres war eine Zunahme der Arbeitslosigkeit zu vermerken. Bei den Arbeiterfachverbänden kamen auf 100 Mitglieder im April 1,9, im Mai 2,7, im Juli 4 Arbeitslose. Ob es sich hierbei nur um eine Krise handelt, wie das Reichsarbeitsblatt Nr. 7, Jahrg. 1920, schreibt, oder nicht vielmehr um den Beginn des Rückganges unserer Industrie, sei dahingestellt. Die Annahme des Reichsarbeitsministeriums scheint dadurch bestätigt zu werden, daß seit September 1920 die Arbeitslosenziffer wieder zurückgegangen ist. Doch dabei handelt es sich nun wirklich um eine vorübergehende Erscheinung, die nicht als Symptom für die weitere Entwicklung des industriellen Arbeitsmarktes gewertet werden kann. Der neuerliche Sturz unserer Valuta hat unserer Industrie größere ausländische Aufträge eingebracht. Ein zweiter Ausverkauf Deutschlands — wenn auch infolge der staatlichen Ausfuhrkontrolle und Preiskontrolle stark beschränkt — in ähnlicher Form wie im vorigen Winter wird hierdurch herbeigeführt. Es handelt sich also um eine Krankheitserscheinung unserer Wirtschaft, auf Grund deren eine stärkere Beschäftigung unserer Arbeiter erfolgen kann. Als Krankheitserscheinung müssen wir sie zu überwinden suchen, und so geht es nicht an, auf dieser Basis unsere weitere Entwicklung zu fundieren und zu beurteilen.

Ein Teil unserer Bevölkerung wird brotlos durch den Rückgang unserer Industrie, durch den vernichtenden Schlag, den unsere Gegner vor allem unserer Exportindustrie versetzt haben. In der gleichen Richtung wirkt die Wegnahme weiter Strecken fruchtbarsten Ackerbodens im Osten unseres Vaterlandes durch die Polen. Der schwach besiedelte Osten, die Kornkammer für unsere Großstädte, ist uns zum Teil entrissen. Durch diesen Verlust werden wir noch mehr als bisher auf die Einfuhr von Lebensmitteln aus dem Auslande angewiesen, ohne zu wissen, woher wir die Gegenwerte für diese Einfuhr nehmen sollen.

Man könnte sich fragen, ob nicht die großen Verluste an Menschen, die Deutschland im Kriege erlitten hat, diese auf eine Uebervölkerung hinweisenden Faktoren aufheben. Dies muß verneint werden. Zwar schätzt man die Verluste, die Deutschland durch den Krieg und die Blockade — den Geburtenrückgang eingerechnet — von 1914—1919 erlitten hat, auf rund 5 Millionen. Aber es muß berücksichtigt werden, daß erstens, wie anfangs ausgeführt, eine gewaltige Zahl von Auslands-, Kolonial- und Grenzlandsdeutschen in unser verkleinertes Vaterland hereinströmen, zweitens die blutigen Verluste im Kriege gerade die produktiven Arbeitsjahrgänge geschwächt haben, die mehr erarbeiteten, als sie selbst verbrauchten, und drittens bei einer Berechnung von 5 Millionen Menschen an Verlusten, der Ausfall an Bevölkerungszuwachs als Verlust eingerechnet wird, während wir ja nur feststellen wollen, daß eine Volkszahl, wie sie Deutschland vor dem Kriege besaß, heute ihre Nahrung in Deutschland bei unserem früheren wirtschaftlichen Aufbau nicht mehr finden kann. Sicherlich ist ein gewisser Ausgleich in unserer heutigen schweren Lage durch eine Herabsetzung der allgemeinen Lebenshaltung in unserem Volke zu erreichen. Aber weder können wir wünschen, daß unser soziales Existenzminimum, das unserem hohen Kulturstand angepaßt ist, sich allzu sehr senkt, noch wird eine solche Senkung uns vor einer Auswanderung behüten. Denn wenn in den Ländern um uns her mit der gleichen Menge Arbeit ein höheres Existenzminimum erreicht werden kann als bei uns, so werden die Tüchtigen und Unternehmungslustigen nach dort abströmen, sobald das Ausland die Schranken, die es großenteils heute einer deutschen Einwanderung entgegengesetzt hat, weggeräumt haben wird, und außerdem kann uns eine tiefere Lebenshaltung noch nicht die nötigen Rohstoffe für unseren Lebensunterhalt schaffen. Nur dann könnte sie für uns fruchtbar werden, wenn sie mit dazu beiträgt, die Arbeitskräfte an die Stelle zu verschieben, wo wir sie heute am notwendigsten brauchen, nach der Urproduktion.

So sind wir bei der Frage angelangt, welche Richtung Deutschland seiner weiteren wirtschaftlichen Entwicklung geben muß, um sein Volk ernähren zu können. Die Vorbedingungen für das Leben unseres Volkes sind andere als vor dem Kriege. Deutschland steht vor der Aufgabe, die Uebervölkerung, die heute in seinen Grenzen besteht, zu überwinden, ohne einen ungeheuren Kraftverlust zu erleiden, wie ihn die drohende Auswanderung bedeutet. Die drohende Auswanderung. Damit ist ganz allgemein die Beantwortung der Frage, die wir uns gestellt hatten, in ihrem ersten Teil durchgeführt: Warum bedeutet die elsaß-lothringische Einwanderung nach Deutschland seit November 1918 keine Stärkung, sondern eine Schwächung unserer Volkswirtschaft? Wir hatten uns klar gemacht, daß Einwanderungen eine Stärkung für eine Volkswirtschaft bedeuten, wenn die beiden Bedingungen erfüllt sind:

1) die wirtschaftliche Aufnahmefähigkeit des Zuzuglandes;

2) eine den wirtschaftlichen Verhältnissen und den Arbeitsmöglichkeiten des Zuzuglandes angepaßte Einstellung der Einwanderer.

Die erste Bedingung liegt heute in Deutschland nicht vor. Eine gewisse Abschwächung dieser Verneinung ist jedoch möglich, wenn wir die nötige Umgruppierung unserer nationalen Arbeitskräfte berücksichtigen.

Wir dürfen bei einer Prüfung der Aufnahmefähigkeit unserer Volkswirtschaft nicht allein ihre heutige Lage in Betracht ziehen, sondern müssen uns vielmehr vergegenwärtigen, welches ihre Weiterentwicklung sein muß, wenn unser Wirtschaftsleben wieder gesunden soll.

2. DIE NOTWENDIGE VERÄNDERUNG DER DEUTSCHEN VOLKSWIRTSCHAFT.

Friedrich List verlangt in seinem „Nationalen System der politischen Ökonomie" die harmonische Ausbildung von

Ackerbau, Gewerbe und Handel in einer Nation. Diese Harmonie fehlt heute in unserer Volkswirtschaft. Der Unterbau aller Wirtschaft, die Landwirtschaft, die Urproduktion, lag für uns vor dem Kriege zum Teil im Ausland. Der amerikanische Farmer war eine Zelle dieses Unterbaues. Diese Rohstoffbasis ist zum Teil zertrümmert, zum Teil mindestens eingeengt. Wir sahen, daß unsere Exportindustrie nicht mehr in dem Maße, wie vor dem Kriege, in der Lage sein wird, diese Auslandsbasis für uns neu zu schaffen, und daß gleichzeitig durch den Frieden von Versailles unsere inländische Nahrungs- und Rohstoffbasis verkleinert worden ist.

Ohne gesteigerte Produktion von Lebensmitteln und Rohstoffen wird unserer Industrie überhaupt die Kraft fehlen, wieder zu erstarken. So muß auch für den, der eine starke Industrie für nötig erachtet, der Ausgangspunkt in einer Verbreiterung unserer Nahrungs- und Rohstoffproduktion liegen. Ohne uns auf den Standpunkt zu stellen, der vor allem während des Krieges vertreten wurde, eine Nationalisierung unserer Wirtschaft, d. h. eine völlige Selbständigmachung unserer Wirtschaft vom Ausland, sei unter allen Umständen das Richtige, — eine Ueberlegung, die hauptsächlich militärisch bedingt war — müssen wir erkennen, daß eine gewisse Nationalisierung erreicht werden muß. Nicht Wünsche sind bei dieser Entscheidung maßgebend, sondern zwingende Umstände. Wie wir während des Krieges auf uns selbst angewiesen waren, so sind wir es auch heute noch zu einem gewissen Grad. Einwände, wie etwa der, wir müßten jetzt alles daran setzen, die abgerissenen Verbindungen mit den anderen Völkern neu zu knüpfen, koste es, was es wolle, können gegen diesen Zwang nichts ausrichten. Wir befinden uns heute bei der Wiederherstellung unserer Beziehungen zu anderen Völkern wirtschaftlich und politisch in so schwieriger Lage, daß die Annahme nicht unberechtigt sein kann, wir würden diese Annäherung viel leichter später vollziehen, wenn wir erst wieder auf eigenen Füßen stehen können. Wir sind heute unsern Gegenspielern niemals gleichgestellt. Mit dem Wichtigsten, was wir zum Leben brauchen, mit den Nahrungsmitteln, sind wir von unsern Gegnern abhängig. So können sie uns stets zu Boden drücken und alle ihre Bedingungen durchdrücken.

Selbstverständlich denken wir nicht an einen allgemeinen Abbau unserer Industrie. Aber das Zuviel der in der Industrie Beschäftigten muß unserem Volk erhalten bleiben. Diese Arbeitskräfte müssen der Landwirtschaft und der Rohstoffindustrie zugeführt werden.

Die Frage ist nun die, ob unsere Landwirtschaft und unsere Roffstoffindustrie nicht schon mit Arbeitskraft gesättigt ist. Müßten wir diese Frage bejahen, so hätte aller Wunsch zur Verselbständigung unserer Wirtschaft keinen Zweck. Dann müßte ein großer Teil unseres Volkes auswandern. Aber unsere landwirtschaftlichen Sachverständigen sind sich darin einig, daß eine Erhöhung unserer landwirtschaftlichen Produktion durch eine weitgehende Heranziehung neuer Arbeitskräfte verbunden mit einer Vervollkommnung unserer Betriebe in technischer und wirtschaftlicher Beziehung in größtem Maße möglich ist.

Hinsichtlich der industriellen Rohstoffproduktion sei nur an den Kohlenbergbau erinnert, der noch in weitem Maße Arbeitskräfte aufnehmen kann.

Am wichtigsten ist jedoch die Erhöhung unserer landwirtschaftlichen Produktion. Geheimrat Areboe hält es für möglich, daß der deutsche Boden bei richtiger Bebauung ein Hundertmillionenvolk ernähren kann. Das Wichtigste zur Ausnützung des Bodens sind mit die Arbeitskräfte. Und diese fehlen heute auf dem Lande mehr denn je.

Vor dem Kriege wurden auf den großen Gütern im Osten Deutschlands vielfach ausländische Wanderarbeiter verwandt, jährlich etwa 400000. Diese fehlen jetzt, und an ihre Stelle sind noch keine einheimischen Arbeitskräfte getreten. Denn weder suchen die Gutsbesitzer solche Kräfte heranzuziehen, — aus Furcht, die politisch unruhigeren städtischen Arbeiter und Arbeitslosen würden die landwirtschaftlichen Arbeiter verseuchen — noch wollen die arbeitslosgewordenen Industriearbeiter aufs Land. Trotz ihrer mißlichen Lage trennen sie sich noch nicht vom Stadtleben, sie warten ab, daß die Krise überwunden werde. Milliarden an Erwerbslosenfürsorge werden unproduktiv vom Reich verausgabt, unserer Landwirtschaft mangelt es an Arbeitskräften, aus dem Ausland muß für Milliarden Mark das Brot eingeführt werden.

Im Rahmen dieser Abhandlung können wir nicht auf alle Schwierigkeiten und Hindernisse eingehen, die sich der notwendigen Umgruppierung unserer nationalen Arbeitskräfte entgegenstellen. Wir können nur auf einige der wichtigsten Hemmungen und ihre mögliche Bekämpfung hinweisen. Ein allgemeines Bild von dem Problem der inneren Kolonisation, von der Ueberführung städtischer in erster Linie industriell gewerblicher Arbeitskräfte aufs Land, müssen wir entwerfen, weil von der Lösung dieses Problems die Gesundung unserer zerrütteten wirtschaftlichen Lage abhängt, und infolgedessen auch die Einwanderung der vertriebenen Elsaß-Lothringer und ihre Eingliederung in die deutsche Volkswirtschaft nur richtig beurteilt werden kann unter dem Gesichtspunkt der notwendigen Reagrarisierung Deutschlands!

Wir fassen nochmals zusammen: Unsere Industrie ist durch Verringerung ihres Absatzes auf dem Weltmarkt und dem inneren Markt, sowie durch die Einengung ihrer Rohstoffbasis nicht mehr in der Lage, die gleiche Zahl von Arbeitskräften zu beschäftigen und zu ernähren, wie vor dem Kriege. In unserer Landwirtschaft und in unserer Rohstoffproduktion ist Mangel an Arbeitskräften. Bei richtiger Intensivierung unseres landwirtschaftlichen Betriebes könnten wir die Ernährung unseres Volkes sichern[1]). Theo-

---

1) Prof. Dr. Backhaus stellt folgende Berechnung auf:
10 ha Land beschäftigen:

extensiv	bewirtschaftet	1 Arbeitskraft
mittelmäßig	„	3 Arbeitskräfte
intensiv	„	5 „

10 ha Land ernähren:

extensiv	bewirtschaftet	10 Personen
mittelmäßig	„	20 „
intensiv	„	30 „

(S. Archiv für innere Kolonisation, Heft 8/9, Jahrg. 1919/20.)

retisch ist die Lösung sehr einfach: das Zuviel an Arbeitskraft der Industrie wird der Landwirtschaft und der übrigen Rohstoffproduktion zugeführt.

Eingeschaltet muß hier werden, daß mit diesem Rückgang unserer Industrie auch ein Rückgang unseres Handels und aller freien Berufe Hand in Hand gehen muß. Teilweise ist dieser Rückgang direkt bedingt durch den Rückgang der Industrie: für den Abatz des verringerten Warenquantums werden weniger Kaufleute nötig sein. Oder aber unsere Verarmung erlaubt uns nicht mehr den Luxus einer solchen Zahl von unproduktiven Kräften wie vor dem Kriege. Ohne in dem Sinne von Adam Smith behaupten zu wollen, es seien nur die Arbeiter der Urproduktion produktiv, so muß man doch zugeben, daß ein Kaufmann von dem Augenblick an unproduktiv zu nennen ist, wo er nicht mehr um seiner Funktion willen da ist, d. h. um die Waren vom Orte der Herstellung an den Ort des Bedarfs zu verbringen, sondern die Waren geradezu um des Kaufsmanns willen da sind und nur durch seine Hände gehen, um ihn zu ernähren, wo aus Handel Kettenhandel und Spekulation wird. Ebenso verhält es sich mit allen freien Berufen, sowie den Beamten. Wir dürfen in diesen Berufen nur die nötige Arbeitskraft verwenden. Denn die hier verschwendete Arbeitskraft fehlt nicht nur in der Urproduktion, sie muß auch mit von der Arbeit in der Urproduktion erhalten werden, ohne nötige Dienste zu verrichten. Vor dem Kriege konnten wir uns in dieser Richtung manchen Luxus erlauben. Heute sind wir zu arm dazu. Und daß wir heute einen Überfluß an unproduktiven Kräften in diesem Sinne haben, daran dürfte niemand zweifeln. Die Not des geistigen Proletariats ist kein parteipolitisches Schlagwort. Die ungeheuerliche Zahl von zu vielen Beamten in verschiedenen Verwaltungszweigen ist bekannt. Darüber kann auch die Tatsache nicht hinwegtäuschen, daß verschiedene Verwaltungen noch immer neue Beamte einstellen müssen. Letzteres zeigt uns nur, daß die Arbeitskraft der Einzelnen nicht mehr in dem früheren Maße ausgenutzt wird. An dem ungünstigen Verhältnis der produktiven und unproduktiven

Stände wird dadurch nichts geändert, und es ist wieder eine Frage für sich, ob wir an einen Wiederaufbau denken können, wenn wir unsere Arbeitskräfte nicht voll ausnutzen. Die Annehmlichkeit, die der Einzelne vom Achtstundentag hat, der Vorteil, den der Beamte dadurch besitzt, daß der Staat ihm gegenüber seine Verpflichtungen nicht lösen kann, auch wenn er seine Arbeitskraft nicht mehr braucht, werden an dem Tage wertlos sein, an dem durch solche Schäden unsere Wirtschaft völlig zusammenbricht. Das wahre Gleichgewicht zwischen den verschiedenen Berufen muß wieder hergestellt, der Unterbau unserer Wirtschaft erweitert, und die Arbeit, der Beruf zur Pflicht der Gemeinschaft gegenüber werden.

Nicht die Industrie allein, auch die geistigen Berufe und die Beamtenschaft sowie der Handelsstand leiden an Überfüllung. In unserem Staat, der auf der Freiheit des Individuums aufgebaut ist, in unserer Wirtschaft, die sich auf das Prinzip der freien Konkurrenz gründet, ist es nicht möglich, wie im Idealstaat Fichtes, in seinem geschlossenen Handelsstaat, zwangsweise die verschiedenen Berufsgruppen ins Gleichgewicht zu bringen. Die Not muß bei uns diesen Zwang ausüben. Und solche Not hat bereits eingesetzt.

Vorurteile und Schwerfälligkeit behindern in vielen Fällen den Berufswechsel. Dagegen müssen wir kämpfen, damit die Einsicht nicht zu spät kommt. Wer ins Kohlenbergwerk, wer in die Landwirtschaft geht, stärkt unsere Wirtschaft. Selbstverständlich kann nicht jeder Beamte und jeder Arbeiter von heute auf morgen Landwirt werden, wie Dr. Stolt, der Geschäftsführer der Gesellschaft zur Förderung der inneren Kolonisation, immer wieder betont[1]). Aber wenn alle diejenigen, die mit der Landwirtschaft vertraut sind, zu ihr zurückkehren, dürfte für die übrigen Platz in den anderen Berufen geschaffen werden. Über 400000 Menschen zogen im Frieden jährlich vom Lande in die

---

1) **Vortrag auf der Halbjahrversammlung des Vereins für ländliche Wohlfahrtspflege** 1920.

Stadt. Millionen müssen demnach noch in Beziehung zur Landwirtschaft stehen. Eine Intensivierung der Landwirtschaft wird die Industrie stärken. Durch die verstärkte landwirtschaftliche Produktion wird die Kaufkraft in unserem Volke gehoben werden, die Industrieprodukte werden einen erweiterten Absatz finden.

So kann es nicht an den geeigneten Menschen fehlen bei der Durchführung dieser Bevölkerungsumschichtung, wenn in unserem Volk die trostlose Lage unserer Wirtschaft erkannt wird, und von Staatswegen die nötigen rechtlichen Grundlagen zur Erleichterung solcher Umschichtung geschaffen werden. Diese staatliche Hilfe hat sich bisher vor allem gäußert in der Verordnung zur Beschaffung von landwirtschaftlichem Siedelungsland vom 29. Januar 1919 (RGBl. 1919, S. 22), die am 11. August 1919 durch das Reichssiedelungsgesetz (RGBl. 1919, S. 1429—36) ersetzt wurde. Durch dieses Gesetz wurde die Möglichkeit geschaffen, aus den landwirtschaftlichen Großbetrieben im Norden und Osten Deutschlands Land für die Ansiedelung von kleinen und mittleren Bauern bereitzustellen, sowie den landwirtschaftlichen Arbeitern Pachtstellen mit genügend Land zur Ernährung ihrer Familie zu sichern. So stand Land zur Verfügung — es sei hierzu bemerkt, daß Deutschland noch 2000000 ha Moor- und Ödland besitzt —, bei den gemeinnützigen Siedelungsgesellschaften, die sich in allen Provinzen Preußens und in den übrigen Ländern bildeten, meldeten sich Tausende von Siedelungslustigen. Denn wenn auch, wie an früherer Stelle bemerkt, allgemein heute die Stimmung unter der Arbeiterschaft noch nicht zu einem Übergang in den landwirtschaftlichen Beruf neigt, so gibt es doch eine große Zahl unter den Angehörigen der unteren und mittleren Schichten der Bevölkerung, die nach landwirtschaftlicher Nebenbeschäftigung verlangen, nach einem kleinen eigenen Heim mit 1—2 Morgen Land. Dieses Streben, das in der Kriegsheimstättenbewegung schon im Kriege unter Führung Damaschkes seine Zusammenfassung fand und im Reichsheimstättengesetz vom 10. Mai 1920 (RGBl. 1920, S. 962—970) eine

Grundlage für seine Auswirkung erhielt, kann zwar nicht zur Reagrarisierung Deutschlands führen, bedeutet aber doch einen ersten Schritt in dieser Richtung und könnte mit einer gleichzeitigen Dezentralisierung der Industrie aus den Städten auf das platte Land eine große Bedeutung gewinnen.

Aber auch Siedler im vollsten Sinne des Wortes meldeten sich in großer Zahl, Anwärter auf kleine und mittlere Bauernstellen, sowie auf Landarbeiterstellen mit Pachtland. Und trotzdem konnte die Siedelungsaktion bis heute keinen großen Umfang annehmen. Die Armut unseres Volkes ist Schuld daran. Durch den Krieg und den Frieden von Versailles ist unsere Wirtschaft ausgesogen worden. Es fehlt an allem, was zur Errichtung von Wirtschaftsheimstätten nötig ist. Dieser Mangel äußert sich in ungeheuer hohen Preisen, die niemand zahlen kann. In erster Linie fehlt es an Baustoffen. Diese wieder fehlen vor allem infolge von Mangel an Kohle. Und hier befinden wir uns in einem circulus vitiosus! Kohle könnten wir mehr fördern, wenn wir mehr Bergarbeiter im Ruhrgebiet ansiedeln könnten. Es ist darum sehr zu begrüßen, daß von Staatswegen der Bau von Heimstätten für Bergarbeiter im Ruhrgebiet besonders gefördert wird[1]).

Wir müssen hier etwas von der Behandlung der Reagrarisierung Deutschlands abweichen, und die allgemeine Wohnungsnot in Deutschland kurz betrachten. Denn nicht nur auf dem Lande und in den Rohstoffgebieten, wo jetzt neue Massen von Arbeitskräften untergebracht werden müssen, mangelt es an Wohnungen. Das deutsche Volk hat nicht nur keine genügenden Arbeitsmöglichkeiten und zu wenig Brot, es leidet auch an einer Wohnungsnot, wie man sie bisher nicht kannte. Während vor dem Kriege jährlich durchschnittlich 200000 Wohnungen neu errichtet wurden, hat die Bautätigkeit während des Krieges fast völlig geruht. So fehlen heute, da auch im Jahre 1919 und

1) Bestimmungen über die Gewährung von Beihilfen aus Reichsmitteln zur Errichtung von Bergmannswohnungen vom 21. Jan. 1920. Zentralbl. f. d. Deutsche Reich, S. 65.

1920 keine wesentliche Bautätigkeit aus den angegebenen Gründen einsetzen konnte, rund 1 200 000 Wohnungen. Auf diese drohende Wohnungsnot hat der deutsche Wohnungsausschuß schon im Kriege aufmerksam gemacht. In einem Vortrag vor dem deutschen Wohnungsausschuß am 30. Oktober 1917 mahnte Prof. Dr. Carl Johannes Fuchs zur sofortigen aktiven Behandlung des Wohnungs- und Siedelungsproblems.

Unser völliger wirtschaftlicher Zusammenbruch hat alle Hilfsaktionen des Staates in dieser Frage zu Tropfen auf den heißen Stein werden lassen. Seit Ende des Krieges wurden von Reich, Ländern und Gemeinden über 2 Milliarden Mark an Baukostenzuschüssen für den Bau von Wohnungen gewährt, d. h. zur Ermöglichung von Neubauten mit Kleinwohnungen werden von Reich, Ländern und Gemeinden Zuschüsse in Form von zinslosen Darlehen — auf deren Rückzahlung unter bestimmten Umständen überhaupt verzichtet wird — zur teilweisen Deckung der Ueberteuerung im Vergleich zu den Friedenspreisen gegeben[1]). Auf diese Baudarlehen werden wir bei der Frage der Unterbringung der einwandernden Elsaß-Lothringer noch zu sprechen kommen.

Hier seien nur im Hinblick auf die für uns so notwendige Reagrarisierung darauf hingewiesen, daß diese Baukostenzuschüsse leider fast restlos den Städten zugute gekommen sind[2]). Die Wohnungsnot ist zurzeit gewiß

1) Bestimmungen des Bundesrates für die Gewährung von Baukostenzuschüssen aus Reichsmitteln vom 31. Okt. 1918. Zentralbl. f. d. Deutsche Reich, Jahrg. 1918, S. 1160. Bestimmungen des Reichsrates über die Gewährung von Darlehen aus Reichsmitteln zur Schaffung neuer Wohnungen vom 10. Jan. 1920. Zentralbl. f. d. Deutsche Reich, Jahrg. 1920, S. 56.

2) So sind von den in der Bauperiode 1919 vom Reich bewilligten Baukostenzuschüssen in Höhe von 650 Mill. M. nur 22 Mill. zu Bauten auf dem Lande verwandt worden. Die vom Reich für die Bauperiode 1920 bewilligten Reichszuschüsse in Höhe von 500 Mill. M. sind auf die einzelnen Länder ihrer Bevölkerungsziffer entsprechend verteilt worden, so daß z. B. Hamburg 11 Mill., das landreiche Mecklenburg-Schwerin nur 4,8 Mill. M. Reichszuschüsse erhalten hat. (S. Arch. f. innere Kolonisation, Heft 8/9, Jahrg. 1919/20.)

am größten in den Städten. Aber wir brauchen trotzdem vor allem den Neubau von Wohn- und Wirtschaftsstätten auf dem Lande. In den Städten muß durch eine straff organisierte Rationierung der Wohnungen geholfen werden. Gelingt die Umschichtung der Bevölkerung in dem von uns vertretenen Sinne, so wird bald Platz geschaffen in den Städten, und die jetzt in den Städten angelegten Milliarden für Neubauten wären vergeudet. Dem Bau von Wohn- und Wirtschaftsheimstätten auf dem Lande dürfen wir hingegen mit gutem Gewissen weitere Milliarden zuwenden. Diese Milliarden sind produktiv angelegt. Wir können diese Schuldaufnahme in ganz anderer Weise gegenüber der Zukunft vertreten, als z. B. die für die Erwerbslosenunterstützung verausgabten Mittel. Freilich um in dem Umfang und in der Art wie vor dem Kriege zu bauen, wäre eine Schuldaufnahme auf die Zukunft nötig, die das Erlaubte übersteigen würde. Wir müssen im Wohnen unsere Lebenshaltung herabsetzen und zu den einfachsten Bauweisen zurückkehren. Wir müssen an Arbeitskräften durch Heranziehung der Anzusiedelnden selbst sparen, da die Arbeitslöhne für Bauarbeiter mit das höchste Kostenelement sind. Damit soll nicht von unsinnig hohen Löhnen gesprochen werden, da auch in ihnen nur unsere Armut zutage tritt. Wenn wir in dieser Weise vorgehen, dann werden wir auch heute noch in der Lage sein, auf dem Lande und in den Rohstoffgebieten eine Ansiedelung in großem Maße durchzuführen. Dafür liegen Beispiele vor.

Als Musterbeispiel sei die Siedelungsaktion des Hauptmann Schmude hervorgehoben.

Mit Erwerbslosen aus Magdeburg zog Hauptmann Schmude am 2. Mai 1919 ins norddeutsche Braunkohlenrevier. Durch die Arbeit in den Kohlenbergwerken erarbeiteten sich diese Männer die Mittel zur Erbauung von Heimstätten. Durch den Zusammenschluß in dem Kleinsiedelungsverein „Siedlungs- und Arbeitsgemeinschaft Neu-Deutschland" (am 16. September 1919) wurde nicht nur das nötige Kapital zur Anzahlung auf den Kaufpreis der Heimstätten beschafft, wichtiger ist die Bestimmung dieses Vereins, daß die Mitglieder sich bei der Errichtung von Heimstätten gegenseitig helfen müssen[1]). Aber auch vom Standpunkt unserer Volksernährung aus betrachtet, ist dieses Unternehmen außerordentlich zu begrüßen. Sämtliche Heimstätten werden für landwirtschaftlichen Nebenbetrieb eingerichtet (1—2 Morgen Land und Ställe für Kleinvieh).

Ende 1919 vereinigte Hauptmann Schmude bereits über 1000 Arbeiter in seinem Unternehmen. Ohne auf die ungeheure soziale Bedeutung dieser Siedelungsaktion hinweisen zu können — engste Verbindung von Kopf- und Handarbeitern, Überwindung der Klassengegensätze — muß vom rein wirtschaftlichen Gesichtspunkt aus betont werden, daß dies Unternehmen den Namen „Neu-Deutschland" voll und ganz verdient. Es vereinigt in sich die Wege, die beschritten werden müssen: Vermehrung der Urproduktion (landwirtschaftliche Erzeugnisse, Kohle, Kali) und Überwindung der Wohnungsnot durch Selbsthilfe der Siedler.

Menschen, die solche Wege zu gehen verstehen, brauchen wir. Kommen Deutsche solcher Art aus dem Ausland und aus den uns entrissenen Grenzlanden in unser verkleinertes Vaterland, so bedeuten sie trotz der bei uns herrschenden Übervölkerung eine Stärkung unserer Wirtschaft.

Wir hatten festgestellt, daß Deutschland an Übervölkerung leidet, und infolgedessen eine Aufnahmefähigkeit für eine größere Einwanderung nicht besteht. Wir haben uns nun klar gemacht, daß diese Feststellung einer Einschränkung bedarf: Deutschlands Wiederaufbau verlangt eine Vermehrung der Arbeitskraft in jeglicher Urproduktion. Gehören die Einwanderer den hierbei in Frage kommenden Berufen an, oder lassen sie sich leicht solchen Berufen zuführen, so sind sie trotz anderer Hemmungen und mißlicher Umstände für unsere Volkswirtschaft als Gewinn zu buchen.

---

1) Das „Gebot der Stunde" von Hauptm. Schmude (Deutsche Landbuchhandlung, 1919).

Die diesbezüglichen Voraussetzungen müssen wir bei den einwandernden Elsaß-Lothringern prüfen, doch zuvor ist es nötig, ihre innere Einstellung zur Wanderung und ihre wirtschaftliche Lage zu betrachten.

3. DAS INNERE VERHALTEN DER VERTRIEBENEN ZUR WANDERUNG UND IHRE ÄUSSERE LAGE.

Drei Ursachen lassen sich in der Hauptsache feststellen, die zu einer Auswanderung von Bewohnern eines Landes in ein anderes Land führen: 1) Abenteuer-Unternehmungslust, 2) Übervölkerung — Nahrungsmangel — Hoffnung auf bessere Lebensbedingungen, 3) politischer oder religiöser Druck.

Der erste Fall der Einwanderung, d. h. eine Einwanderung von Menschen, die nur aus Unternehmungslust aus ihrem bisherigen Aufenthaltsstaate auswandern, ist wohl die günstigste für eine Volkswirtschaft. Solche Menschen suchen sich das Land, nach dem sie wandern, völlig freiwillig aus, nur ihr Wille gibt ihnen den Weg an, und so werden sie sich nur dem Lande zuwenden, das ihnen die wirtschaftliche Grundlage für eine Existenz zu bieten scheint.

Auch im zweiten Fall, bei einer Einwanderung, die auf Übervölkerung zurückzuführen ist, treffen diese Feststellungen in weitem Maße zu. Eine Übervölkerung tritt meist nicht plötzlich auf. Allmählich wird der Kampf ums tägliche Brot in einem Lande schwerer; es wird unmöglich, sich aus kleinen Verhältnissen emporzuarbeiten. Das nationale Einkommen ist konstant, und so können sich die Einkommen der vielen, die um eine Besserung ihrer Lebensverhältnisse ringen, nicht mehr erhöhen. Die Nominaleinkommen mögen noch wachsen, die Realeinkommen beharren auf ihrem Stand, um schließlich zu sinken, wenn die Volksvermehrung noch weiter schreitet. Auch hier werden die Starken, die vor einer ungewissen Zukunft nicht zurückschrecken, auswandern. Auch diese suchen sich als Ziel ein Land mit den wirtschaftlichen Bedingungen auf, die ihnen aussichtsreich zu sein scheinen. Auch bei ihnen kann man von einer freiwilligen Auswanderung sprechen.

Völlig zu trennen von diesen beiden Arten der Auswanderung ist die dritte, die auf politischem oder religiösem Druck beruht. Wirtschaftliche Rücksichten sprechen hier bei den Auswanderern gar nicht, oder nur in untergeordneter Weise mit. Auch diese Auswanderung kann in gewissem Sinn eine freiwillige sein. Gewissensgründe können einen Menschen um seiner politischen oder religiösen Stellung wegen zwingen, ein Land zu verlassen, in dem er rein äußerlich ein behagliches Leben führen kann. Meist aber wird es sich hier um eine erzwungene Auswanderung handeln. Die Gemeinschaft, verkörpert in Staat, Kirche oder einer anderen Form des autoritativen Zusammenschlusses, vertreibt den einzelnen, um seiner politischen oder religiösen Gesinnung willen, aus ihrer Mitte. So waren die Hugenotten um ihrer religiösen Gesinnung willen aus ihrem Vaterland vertrieben worden. Sie wandten sich Ländern zu, die für eine Einwanderung aufnahmefähig waren, so nach Preußen. Trotzdem die Auswanderung der Hugenotten auf Zwang beruhte, ist also eine Freiwilligkeit hinsichtlich der Einwanderung festzustellen. Sie hatten die Wahl der Niederlassung in verschiedenen Ländern.

Die Elsaß-Lothringer, die nach dem Jahre 1871 das Elsaß verließen, wichen dem politischen Druck freiwillig, auch sie hatten die Wahl, wohin sie sich außerhalb Deutschlands wenden wollten. Gemeinsam mit den Hugenotten hatten sie größtenteils das Eine, das bei solcher Wanderung aus politischen und religiösen Motiven stets Zutreffende: nicht Abenteuerlust und nicht der Trieb nach besseren wirtschaftlichen Bedingungen ließ sie ihre Heimat verlassen, und infolge dieser inneren Einstellung bedeuteten sie, vom rein wirtschaftlichen Gesichtspunkt aus betrachtet, nicht denselben Zustrom an Arbeitskraft für das Zuzugsland, wie Einwanderer der ersten und zweiten von uns besprochenen Art.

In diesen letzten beiden Beziehungen sind die seit November 1918 aus den ehemaligen Reichslanden Vertriebenen den Hugenotten gleichzustellen. Nur eine geringe Zahl der seit November 1918 nach Deutschland eingewanderten Elsaß-Lothringer hat aus inneren Gründen das Reichsland freiwillig verlassen, so daß auch in der erzwungenen Auswanderung eine Gleichheit mit den Hugenotten besteht. Die trostlose Lage Deutschlands hält viele Deutsche in Elsaß-Lothringen zurück, sowie zum Teil auch der Wunsch, der Romanisierungspolitik Frankreichs ein Hindernis zu bilden. Auch bei den Elsaß-Lothringern, die mittels Schikanen wirtschaftlicher Natur aus dem Reichsland vertrieben werden, kann man nicht von einer Auswanderung aus wirtschaftlichen Gründen sprechen. Das treibende Moment ist ein politisches. Durch Maßnahmen, wie Sperrung der Banknoten, Nichtauszahlung der Gehälter, Verbot der Weiterführung eines Geschäftes, Bedrohung mit Gefängnis und Verhetzung der Masse gegen die Deutschen, haben es die Franzosen verstanden, wie bereits zu Anfang betont wurde, die „freiwillige" Auswanderung zu fördern. Immerhin muß auf den Unterschied zwischen diesen „freiwillig" nach Deutschland Ausgewanderten und den buchstäblich Ausgewiesenen hingewiesen werden. Die letzteren hatten keinerlei Zeit, sich nach einem neuen Unterkommen in Deutschland umzusehen, noch ihre Habe im Reichsland wenigstens teilweise in Sicherheit zu bringen, während dies den ersteren wenigstens teilweise gelungen ist. Auch kam es bei den „freiwillig" Auswandernden hin und wieder vor, daß ihnen erlaubt wurde, ihr Hab und Gut mitzunehmen.

Die Zahl der buchstäblich Ausgewiesenen ist recht bedeutend. Von den an den Übernahmestellen am Rhein von Beginn des Jahres 1919 bis 1. Oktober 1920 statistisch festgestellten nach Deutschland eingewanderten 95415 Elsaß-Lothringern sind 14435 ausgewiesen worden. Da in der allerersten Zeit der Ausweisung eine statistische Erfassung nicht durchgeführt werden konnte, andererseits gerade in den ersten Monaten der französischen Besetzung die meisten Ausweisungen erfolgten, kann man annehmen, daß von den schätzungsweisee nicht gezählten 15000 eingewanderten Elsaß-Lothringern mindestens 10—12000 ausgewiesen waren, während die übrigen größtenteils bereits vor dem Einmarsch der Franzosen ihre Heimat verlassen hatten.

Der Zwang, unter dem sich diese Wanderung vollzogen hat, und das politische Moment, das sie herbeigeführt hat, braucht wohl nicht weiter dargelegt zu werden. Dem politischen Zwange entsprechend, setzten sich diese elsaß-lothringischen Auswanderer nicht aus den Alters- und Berufsklassen zusammen, die bei einer auf wirtschaftlichen Ursachen begründeten - Auswanderung vor allem vertreten sind. Nicht Kraft zur Arbeit und Unterneh nehmungsgeist geben den Ausschlag, sondern allein die deutsche Abstammung und die deutsche Gesinnung. Und während sich bei anderen durch politische und religiöse Ursachen hervorgerufenen Auswanderungen die Auswanderer nach dahin wenden konnten, wo ihnen die besten Bedingungen für ihren Wiederaufbau der verlorenen Existenz zu bestehen schienen, herrscht auch in diesem Punkte für die vertriebenen Elsaß-Lothringer der Zwang. Das Ausland verschließt sich noch heute größtenteils deutscher Einwanderung, und so gibt es für die vertriebenen Elsaß-Lothringer nur den einen Weg, der nach Deutschland führt, in eine Volkswirtschaft, die nicht mit Einwanderung, sondern mit einer großen Auswanderung zu rechnen hat. Es soll nicht behauptet werden, daß die vertriebenen Elsaß-Lothringer einen anderen Weg eingeschlagen hätten, wenn die Möglichkeit hierzu vorgelegen hätte. Die Verknüpfung dieser Vertriebenen mit Deutschland, in erster Linie durch ihre Forderungen an das deutsche Volk auf Entschädigung ihrer Verluste, würde unter allen Umständen dem Strom der Flüchtlinge seinen Lauf nach Deutschland gegeben haben. Es soll nur darauf hingewiesen werden, wie vollkommen der Zwang ist, unter dem sich diese Wanderung vollzogen hat und vollzieht.

Nicht zum gewollten Kampf um ihre Existenz kommen diese Menschen nach dem verkleinerten, in schweren Nöten liegenden Deutschland, sondern herausgeworfen aus ihrer engeren Heimat, ohne Hab und Gut, zerüttet an Leib und Seele, vom deutschen Volk fordernd, daß es ihnen, die alles um ihres Deutschtums willen verloren haben, helfe.

Und dies Letzte, die berechtigte Forderung, die diese Einwanderer gegen das Zuzugsland „Deutschland" erheben, vervollkommnet den Eindruck, den wir vom rein wirtschaftlichen Standpunkt aus haben müssen, daß diese Einwanderung für Deutschland auch im Hinblick auf die innere Einstellung der Einwanderer und ihre äußeren Verhältnisse keine Stärkung, sondern eine Belastung darstellt.

Diese Belastung der deutschen Volkswirtschaft kann nun eine stärkere oder schwächere sein, je nach der Verteilung der einwandernden Elsaß-Lothringer auf die verschiedenen Berufe, die in Deutschland stärker oder schwächer überfüllt sind. Ja, wir konnten bereits feststellen, daß trotz der zu überwindenden Schwierigkeiten, trotz der heutigen Übervölkerung Deutschlands, eine Einwanderung, eine Stärkung bedeuten muß, wenn die Einwanderer den Berufen zugehören, die wir zum Wiederaufbau unserer Wirtschaft brauchen, aus den in der Urproduktion beschäftigten Arbeitskräften.

Wie ist unter solchem Gesichtspunkt die Einwanderung der vertriebenen Elsaß-Lothringer zu beurteilen?

4. DIE BERUFLICHE GLIEDERUNG DER VERTRIEBENEN UND IHRE EINFÜGUNG IN DIE NATIONALE WIRTSCHAFT.

Die Betrachtung der beruflichen Gliederung der vertriebenen Elsaß-Lothringer wird uns die Antwort auf diese Frage geben.

Auch wenn wir über die berufliche Gliederung der Vertriebenen keinerlei Aufzeichnungen hätten, könnten wir doch Anhaltspunkte dafür finden. Wir müssen uns vergegenwärtigen, daß sich die Vertriebenen in ihrer überwiegenden Mehrheit aus Altdeutschen, d. h. aus Deutschen zusammensetzen, die nach 1871 in das Reichsland eingewandert sind, sowie deren Abkömmlingen. So groß die Zahl der politischen Fehler ist, die Frankreich seit November 1918 in seiner „Sieges-Befreierstimmung“ in den „befreiten Provinzen“ begangen hat, eine Ausweisung oder Verdrängung von Alt-Elsässern und Alt-Lothringern wurde nur in ganz vereinzelten Fällen durchgeführt. Die Franzosen waren sich klar, daß sie durch Schaffung solcher Märtyrer die deutsche Sache in Elsaß-Lothringen nur stärken würden, daß sie mit solchem Vorgehen die Verbindung Elsaß-Lothringens mit Deutschland inniger gestalten würden. Die Zahl der nach Deutschland seit November 1918 eingewanderten Alt-Elsaß-Lothringer ist nicht genau festzustellen, dürfte aber höchstens 2000 Personen betragen. Es handelt sich meist um Männer (und deren Familie), die im politischen Leben während der deutschen Zeit in Elsaß-Lothringen eine führende Rolle auf seiten der Deutschgesinnten gespielt haben, oder um Männer, die um der deutschen Erziehung ihrer Kinder willen trotz vieler Gegengründe ihre Heimat verlassen haben. Frankreich und die französisch gesinnten Elsaß-Lothringer suchen mit den verschiedensten Mitteln diese Alt-Elsaß-Lothringer wieder aus Deutschland herauszuziehen, und zwar aus sehr durchsichtigen Gründen. Dies dürfte ihnen nicht gelingen.

An dieser Stelle kommt es nur darauf an, festzustellen, daß die vertriebenen Elsaß-Lothringer bis auf eine kleine Minderheit aus Altdeutschen bestehen.

Gelingt es uns, aus den Statistiken Elsaß-Lothringens vor dem Kriege festzustellen, welchen Berufen diese Altdeutschen vor allem angehörten, so können wir uns bereits ein Bild über die berufliche Gliederung der Vertriebenen machen, ohne allerdings noch zu erkennen, welche Berufe unter den Vertriebenen am stärksten vertreten sind. Leider — aber selbstverständlich — waren vor dem Kriege die Statistiken Elsaß-Lothringens nicht so eingerichtet, daß sie die eingewanderten und die einheimischen Elemente getrennt voneinander behandelt hätten. Aus einer Staatsangehörigkeits-Statistik der elsaß-lothringischen Bevölkerung geht zwar hervor, daß 295436 Angehörige anderer deutscher Bundesstaaten im Jahre 1910 in Elsaß-Lothringen lebten. Wie zu Anfang betont, ist dies nicht die

Gesamtzahl der nach Auslegung der Franzosen in Elsaß-Lothringen lebenden Deutschen. Eine große Zahl von Altdeutschen hatte zu der preußischen, bayrischen usw. Staatsangehörigkeit die elsaß-lothringische erworben, und wurde in der Statistik als elsaß-lothringische Staatsangehörige geführt. Daher die Schätzung der vor dem Kriege in Elsaß-Lothringen lebenden Altdeutschen auf rund 400 000. Immerhin ist die größte Zahl der Staatsangehörigen anderer deutscher Bundesstaaten erfaßt, aber eine Statistik über deren berufliche Gliederung fehlt.

Aber wir finden folgenden wertvollen Anhaltspunkt: Aus einer Statistik über die Gebürtigkeit der ortsanwesenden Bevölkerung im Jahre 1905 ergibt sich, daß 216 169 Personen in anderen deutschen Bundesstaaten geboren sind. Die Mehrzahl der Altdeutschen in Elsaß-Lothringen war also noch nicht dort geboren.

Eine Statistik über: „Beruf und Gebürtigkeit" zeigt uns, wie sich diese in anderen deutschen Bundesstaaten geborenen nach Elsaß-Lothringen eingewanderten Deutschen im Jahre 1907 auf die verschiedenen Berufsarten verteilen:

Von den 1907 in Elsaß-Lothringen erwerbstätigen Personen (Selbständigen, Angestellten, Arbeitern) waren geboren:

	in Elsaß-Lothringen	im übrigen Deutschen Reich
1) Landwirtschaft, Gärtnerei usw.	322 180	4 838
2) Forstwirtschaft und Fischerei	5 302	449
A. Landwirtschaft usw.	327 482	5 287
Weibliche Personen	146 255	1 903
Selbständige	113 367	1 370
Angestellte und Arbeiter	214 115	3 917
3) Bergbau	16 406	8 922
4) Industrie der Steine und Erde	18 714	1 727
5) Metallverarbeitung	25 749	3 357
6) Maschinen, Instrumente usw.	12 638	2 156
7) Chemische Industrie	2 018	421
8) Leuchtstoffe, Fette, Öle	1 344	238
9) Textilindustrie	74 952	1 752
10) Papier	3 028	368

	in Elsaß-Lothringen	im übrigen Deutschen Reich
11) Leder	4 014	537
12) Holz- und Schnitzstoffe	18 838	1 985
13) Nahrungs- und Genußmittel	19 155	3 685
14) Bekleidung	27 292	3 527
15) Reinigung	7 182	1 166
16) Baugewerbe	35 266	6 516
17) Polygraphische Gewerbe	2 346	780
18) Künstliche Gewerbe	977	102
19) Gewerbliche Personen ohne nähere Bezeichnung	95	44
B. Industrie	270 814	37 283
Weibliche Personen	73 954	3 797
Selbständige	46 242	5 906
Arbeiter und Angestellte	224 572	31 377
20) Handelsgewerbe	35 401	6 823
21) Versicherungsgewerbe	858	267
22) a) Post und Eisenbahn	15 303	6 772
b) Übrige Verkehrsgewerbe	5 916	1 363
23) Gast- und Schankwirtschaft	15 633	4 102
C. Handel und Verkehr	73 111	19 327
Weibliche Personen	23 399	4 388
Selbständige	21 689	5 186
Angestellte und Arbeiter	51 242	14 141
A—C. Landwirtschaftlich u. gewerblich tätige Personen	671 407	61 897
24) Häusliche Dienste — wechselnde Lohnarbeit	7 630	2 145
25) a) Militärdienst	6 291	67 736
b) Zivildienst, freie Berufe	22 905	10 239
26) Ohne Berufe	6 785	10 549
Außerdem häusliche Dienstboten	18 752	5 910
Angehörige ohne Hauptberuf	730 130	50 465
Ortsanwesende Personen überhaupt	1 524 966	208 941

Dazu kommen noch 86342 im Ausland geborene Personen, von denen allein 13727 im Baugewerbe tätig waren (Italiener).

Es ließen sich sehr viele interessante Tatsachen aus dieser Statistik ersehen. So z. B. die verschwindend geringe Zahl der Deutschen in der Textilindustrie, welcher Umstand auf die französische Gesinnung der oberelsässischen Unternehmer, sowie auf die bereits stark fortgeschrittene Entwicklung der oberelsässischen Textilindustrie zur Zeit der Wiedervereinigung Elsaß-Lothringens mit Deutschland zurückzuführen ist.

Sodann läßt sich aus dieser Statistik die bedeutend stärkere Vertretung der Deutschen gegenüber den Einheimischen unter den Arbeitern und Angestellten als unter den Selbständigen nachweisen, womit sich die Ansicht bekämpfen läßt, die eingewanderten Deutschen hätten in jeder Beziehung den Einheimischen die Zügel aus der Hand genommen.

Alle Eingewanderten sind nicht in dieser Statistik enthalten, aber es liegt kein Grund vor anzunehmen, daß die Berufsverhältnisse bei den bereits im Lande geborenen Altdeutschen andere gewesen seien, als bei den zugewanderten.

Im Zusammenhang unserer Untersuchung ist diese Statistik wichtig, weil sie uns zeigt, aus welchen Berufen sich die seit November 1918 vertriebenen Elsaß-Lothringer zusammensetzen müssen.

Verschwindend klein war die Zahl der altdeutschen Landwirte in Elsaß-Lothringen. Es ist dies ja auch ohne weiteres zu verstehen. Der bodenständige Bauernstand Deutschlands dachte nicht an ein Auswandern nach Elsaß-Lothringen, abgesehen davon, daß in Elsaß-Lothringen keine größere Ansiedelungsmöglichkeit bestand. Wir haben in Elsaß-Lothringen eine starke Besiedelung des platten Landes, die ihren Grund in einer günstigen Bodenverteilung findet. Elsaß-Lothringen ist das Land der Kleinbauern, mit einer gewissen Einschränkung hinsichtlich Lothringens. 1907 waren von 244 948 landwirtschaftlichen Betrieben:

Betriebe unter	2 ha	152 246
von	2—5 ha	54 049
„	5—20 ha	34 471
„	20—100 ha	3 830
über	100 „	352

Von diesen 352 Großbetrieben entfallen 317 auf Lothringen.

Auch werden die wenigen altdeutschen Landwirte in Elsaß-Lothringen alles versucht haben, um nicht von der Scholle fort zu müssen. Bedenkt man ferner, daß gerade diese Landwirte zum großen Teil durch Heirat mit der einheimischen Bevölkerung verbunden waren, so erhellt daraus, daß wir mit keiner nennenswerten Zahl von Landwirten unter den vertriebenen Elsaß-Lothringern rechnen können, da solche enge Beziehung zur einheimischen Bevölkerung einen gewissen Schutz vor Ausweisung geboten hat.

Aus der landwirtschaftlichen Betriebsgliederung läßt sich der Schluß ziehen, daß wir in Elsaß-Lothringen nur mit einer geringen Zahl von Landarbeitern zu rechnen haben, da bei den kleinen und mittleren Bauernstellen eine Verwendung fremder Arbeitskräfte in größerem Umfang nicht in Betracht kommt.

Bedeutend größer ist der Anteil der altdeutschen Bevölkerung in der Industrie. Wir bemerken vor allem die hohe Beteiligungsziffer im Bergbau. Der Erzbergbau und die Eisenindustrie Lothringens haben sich erst in der Zeit nach 1871 stärker entwickelt, die einheimische Bevölkerung des östlichen Bezirks Lothringens war zu schwach, um der rasch emporwachsenden Industrie genügend Kräfte stellen zu können. Auch entschloß sich nur ein kleiner Teil der Bevölkerung, von der Landwirtschaft in den Bergbau oder in die Hüttenwerke einzutreten. Nur unter großen Schwierigkeiten gelang es den verschiedenen Unternehmungen, altdeutsche Arbeiter durch den Bau von mustergültigen Arbeiterkolonien und durch Ausnützung ihrer engen Beziehungen zum Ruhrgebiet, wo die meisten dieser Firmen selbst ihre Kohlenbergwerke besaßen, heranzuziehen. Außer diesen altdeutschen Arbeitern war eine sehr große Zahl von Italienern in den lothringischen Hüttenwerken beschäftigt. Im Bergbau waren 1907 16406 in Elsaß-Lothringen, 8922 im übrigenee Deutschland und 15730 im Ausland geborene Arbeiter beschäftigt. Zum Bergbau gehört allerdings außer dem Erzbergbau auch der lothringische Kohlenbergbau, sowie der unterelsässische Kalibergbau.

Doch bleiben diese hinter der Erzgewinnung hinsichtlich der Zahl der von ihnen Beschäftigten weit zurück.

Im Rahmen unserer Untersuchung stellen wir fest, daß 1907 8922 in Deutschland geborene Bergarbeiter in Elsaß-Lothringen waren. Eine große Zahl von altdeutschen Arbeitern dürfte schon in Elsaß-Lothringen geboren sein. So können wir damit rechnen, daß sich unter den vertriebenen Elsaß-Lothringern eine große Zahl von Bergarbeitern befindet.

Es ist nicht nötig, auf alle industriellen Gewerbezweige näher einzugehen. Hervorgehoben sei, daß sich eine starke deutsche industrielle Unternehmerschaft, vor allem im Unterelsaß, um Straßburg und in Straßburg selbst, ein großes Betätigungsfeld in der Nahrungsmittel- und in verschiedenen Veredelungsindustrien, sowie in der Erdölindustrie geschaffen hatte. Dagegen lag in Lothringen der Erzbergbau und die Eisenindustrie hauptsächlich in deutscher Hand, der Kohlenbergbau in französischer, während im Oberelsaß außer den Kalibergwerken die Industrie, in erster Linie die Textilindustrie, im Besitze von einheimischen und französischen Unternehmern war.

Besondere Beachtung verdient die hohe Ziffer der im Baugewerbe Erwerbstätigen. Elsaß-Lothringen hat unter deutscher Herrschaft einen großen wirtschaftlichen Aufstieg erlebt. Die Folge war eine sehr rege Bautätigkeit. Die einheimische Bevölkerung war, wie in verschiedenen Industrien, so auch im Baugewerbe nicht in der Lage, selbst die nötigen Arbeitskräfte zu stellen. Die Zahl der Geburten blieb in Elsaß-Lothringen erheblich hinter der Geburtenzahl im Reiche zurück. Ein unverkennbarer Einfluß der französischen Kultur machte sich in dieser Richtung geltend.

Überaus stark waren, wie wir sehen, die Altdeutschen in Handel und Verkehr vertreten. Die Einziehung des wiedereroberten Elsaß-Lothringens in die deutsche Volkswirtschaft führte in besonderem Maße die Kaufleute ins Reichsland. Sie schufen die Verbindung mit dem deutschen Absatzmarkt, nachdem die neue Zollgrenze auf den Vogesen

Elsaß-Lothringen vom französischen Markt abgeschnitten hatte.

Der größte Teil aller Altdeutschen gehörte dem Militär- und dem Beamtenstand an, sowie den freien Berufen und dem Rentnertum.

Das Militär müssen wir freilich aus unsern Überlegungen fast vollkommen ausschalten. Von den 67736 in Militärdienst Tätigen war die Mehrzahl Männer, die ihrer Dienstpflicht bei Truppenteilen genügten, die ihren Standort in Elsaß-Lothringen hatten, und die infolgedessen weder als in Elsaß-Lothringen Erwerbstätige noch dort Ansässige gerechnet werden können. Aus der Statistik geht hervor, daß man die Einheimischen ihre militärischen Dienstjahre in anderen deutschen Bundesstaaten zubringen ließ, dagegen Deutsche anderer Stämme in Elsaß-Lothringen. Es sollte damit eine Verbindung mehr zwischen Elsaß-Lothringen und dem übrigen Deutschland geschaffen werden. Auch die aktiven Heeresangehörigen und ihre Familien kommen kaum in Betracht. Ein großer Teil der Offiziere verlegte zu Anfang des Krieges und während des Krieges seinen Wohnsitz aus Elsaß-Lothringen fort, zumeist auf Befehl. Auch wurzelten die Offiziere und Unteroffiziere mit ihrer Existenz nicht in Elsaß-Lothringen. Sie mußten jeden Tag mit einer Versetzung nach anderen deutschen Garnisonen rechnen. Damit soll nicht gesagt sein, daß nicht auch viele in unserem aktiven Offiziers- und Unteroffizierskorps vor dem Kriege in Elsaß-Lothringen heimisch geworden waren. Aber ihre Lage ist eine andere als die der übrigen vertriebenen Elsaß-Lothringer. Sie verließen mit ihren Truppenteilen das Reichsland vor dem Einmarsch der Franzosen und sind nur insofern in eine Beziehung zu den vertriebenen Elsaß-Lothringern zu bringen, als sie in Elsaß-Lothringen Güter zurücklassen mußten, die ihnen von den Franzosen sequestriert und liquidiert wurden. Freilich vom volkswirtschaftlichen Standpunkt aus ist es wichtig, daß Tausende von Offizieren und Unteroffizieren ihren Wohnsitz nun nicht mehr in Elsaß-Lothringen haben können und infolgedessen hinsichtlich der Wohnungsfrage in gewissem Sinn als Einwanderer erscheinen. Ihre Existenz haben diese Männer nicht durch den Verlust Elsaß-Lothringens verloren, sondern durch unsern Zusammenbruch, dem auch unser Heer zum Opfer fiel. Ihre Neueingliederung in unseren Wirtschaftskörper fällt unter das Problem der Auflösung unseres Heeres.

Anders liegen die Verhältnisse bei den Beamten. Die Landesbeamten, die Gemeindebeamten und die Lehrer hatten Lebensstellungen gefunden, die in engster Verbindung mit dem elsaß-lothringischen Lande standen. Nicht anders war es bei den Eisenbahn- und Postbeamten bzw. Arbeitern. Wir hatten nur in Elsaß-Lothringen Reichseisenbahnen vor dem Kriege. An eine Versetzung nach außerhalb Elsaß-Lothringens war außer in wenigen Fällen bei den höheren Beamten hinsichtlich der Eisenbahnbeamten bzw. Arbeiter nicht zu denken, und bei der Reichspost wurde außer bei den höheren Beamten eine Versetzung von und nach dem Reichsland nur selten durchgeführt. Es geht nicht an, zu behaupten, die Beamten, die Elsaß-Lothringen verlassen mußten, seien nicht Vertriebene, sie hätten nur eine gewaltsame Versetzung erlitten. Nein, diese Menschen waren in Elsaß-Lothringen voll und ganz beheimatet. Ihrer inneren Einstellung nach sind sie unter die Vertriebenen zu rechnen. Das müssen wir anerkennen, auch wenn wir später feststellen, daß sie im Vergleich zu den freien Berufen und den gewerblichen, industriellen und landwirtschaftlichen Erwerbstätigen große Vorteile in ihrem Weiterkommen haben. Und während die aktiven Heeresangehörigen selbstverständlich mit ihren Truppenteilen das Reichsland bei Besetzung durch den Feind verlassen mußten, lagen auch hier die Dinge anders für die Beamten. Sie blieben auf ihrem Posten, ihre Übernahme durch den französischen Staat konnte angenommen werden.

Die letzten Ausführungen scheinen nicht hierher zu gehören. Wir wollen ja an Hand der Statistik über Beruf und Gebürtigkeit feststellen, welchen Berufen die Altdeutschen in Elsaß-Lothringen angehörten. Aber wir mußten uns klar machen, daß das Militär aus unserer Betrachtung ausscheiden muß, daß hingegen die Beamten aller Art vollkommen in den Rahmen unserer Abhandlung hineingehören, da sie sowohl subjektiv als objektiv den vertriebenen Elsaß-Lothringern zuzuzählen sind. In Elsaß-Lothringen hatten sie ihre Lebensstellung, Deutschland brauchte trotz des Verlustes von Elsaß-Lothringen nicht damit zu rechnen, für diese Beamten sorgen zu müssen. Das völkerrechtswidrige Vorgehen Frankreichs stellt Deutschland vor diese Aufgabe.

Das Bild, das wir aus dieser Statistik der beruflichen Gliederung der Altdeutschen in Elsaß-Lothringen vor dem Kriege gewinnen, läßt sich dahin zusammenfassen: verschwindend wenig Landwirte, eine beträchtliche Anzahl von Erwerbstätigen in der Industrie, davon annähernd ein Viertel im Bergbau; stark vertreten: Handel und Verkehr, Beamte und Angestellte im Zivildienst, Rentnertum, und vor allem Militär, welch letzteres jedoch von uns nicht weiter berücksichtigt zu werden braucht.

Alle Anhaltspunkte, die sich über die berufliche Gliederung der Vertriebenen vorfinden, entsprechen dieser Zusammensetzung. Nur der Prozentsatz der einzelnen Berufe zueinander verschiebt sich. Dies beruht auf dem Vorgehen der Franzosen, das den einzelnen Berufsarten gegenüber verschieden war. Selbstverständlich lag den Franzosen mehr an der Ausweisung eines Lehrers, als an der Ausweisung eines Handwerkers. Der Einfluß des ersteren ist ein anderer als der des Handwerkes. Und den Franzosen kam es vor allem darauf an, zur Romanisierung des Landes in den führenden Schichten der Bevölkerung für Franzosen Platz zu schaffen. Ganz besonders hoch ist die Zahl der Beamten unter den Vertriebenen. Die Beamten, ihres Amtes enthoben, gingen, auch ohne ausgewiesen zu sein, über den Rhein nach Deutschland, um als deutsche Beamte vom Deutschen Reich ihre Wiederanstellung oder ihre Pensionierung zu verlangen.

Auch die inneren Bedingungen des einzelnen, aus dem französischen Elsaß-Lothringen auszuwandern, sind je nach seinem Berufe verschieden. Für alle diejenigen, deren Tätigkeit in irgendeiner direkten Beziehung zum öffentlichen Leben steht, wurde die Berufsausübung zur Qual. Ein Lehrer mit deutscher Gesinnung muß heucheln, wenn er im Amte bleiben will. Er muß französisch unterrichten, er muß seine Zöglinge aus dem Lesebuch unterrichten, in dem alle die Lügen von deutschen Greueln in Belgien enthalten sind. Für einen Kaufmann wird es leichter sein als für solchen Lehrer, unter der Fremdherrschaft zu leben. So ist es auch nicht verwunderlich, daß von den 270 Geistlichen der evangelischen Kirche Elsaß-Lothringens bis heute 78 ausgewiesen oder ausgewandert sind, darunter 29 Alt-Elsaß-Lothringer und 11 Altdeutsche, die mit einheimischen Frauen verheiratet waren.

Eine vollständige Statistik über die berufliche Gliederung der vertriebenen Elsaß-Lothringer gibt es natürlich nicht. Das ist schon deshalb unmöglich, weil ja allein 15000 Vertriebene nicht einmal zahlenmäßig erfaßt werden konnten. Aber aus den vorhandenen Unterlagen können wir die berufliche Gliederung so klar erkennen, als es für unsern Zweck notwendig ist.

Die Reichszentralstelle für vertriebene Elsaß-Lothringer in Freiburg — eine Reichsstelle, die, wie wir später sehen werden, im Januar 1919 gegründet und mit der Übernahme der elsaß-lothringischen Flüchtlinge beauftragt wurde — führt seit Juni 1919 eine Statistik über die Berufsgliederung der Vertriebenen. Da in diese Statistik nicht nur die seit Juni 1919 aus Elsaß-Lothringen Eingewanderten, sondern auch ein Teil der Vertriebenen, die bereits vor Juni eingewandert sind, soweit man ihren Beruf ermitteln konnte, aufgenommen wurden, so ergibt sich daraus die berufliche Gliederung eines ansehnlichen Teiles aller Vertriebenen. Nach dieser Statistik wurden vom 1. Juni 1919 bis 31. August 1920 aus Elsaß-Lothringen ausgewiesen bzw. es wanderten freiwillig aus:

5330 Beamte	2702 Gewerbetreibende
7525 Arbeiter	1084 freie Berufe
927 sonstige Berufe	

Diese Berufsgliederung ist nur eine sehr rohe. Sie läßt sich durch folgende Ermittlungen ergänzen: es sind nach Deutschland aus Elsaß-Lothringen eingewandert:

	von November 1918 bis 15. September 1920
4 000	Eisenbahnbeamte
2 800	Eisenbahnarbeiter
1 200	Ruhegehaltsempfänger (Eisenbahnbeamte und Arbeiter)
1 000	Hinterbliebene von Reichseisenbahnbeamten
	vom November 1918 bis 20. August 1920
rund 1 300	Reichsbeamte
	vom November 1918 bis 1. September 1920
6 241	Landes-, Gemeindebeamte und Lehrer
zus. 16 541	Reichs-, Landes-, Gemeindebeamte und Lehrer.

Vergegenwärtigen wir uns, was wir mit dieser Prüfung der beruflichen Gliederung der vertriebenen Elsaß-Lothringer bezweckten. Wir hatten festgestellt, daß eine Einwanderung gewisser Berufe, und zwar in erster Linie von Landwirten, Landarbeitern und Bergarbeitern trotz der in Deutschland bestehenden Übervölkerung eine Stärkung unserer Wirtschaft bedeuten muß. Unsere Aufgabe ist es, zu untersuchen, in welchem Maße diese Berufe unter den aus Elsaß-Lothringen nach Deutschland Eingewanderten vertreten sind. Das Material zu dieser Untersuchung ist lückenhaft. Aber aus der Statistik über die berufliche Gliederung der in Deutschland geborenen, in Elsaß-Lothringen vor dem Kriege ansässigen Deutschen geht in Verbindung mit den lückenhaften Erhebungen über die Berufe der Vertriebenen unzweideutig hervor, daß wir unter den Einwanderern aus Elsaß-Lothringen mit Landwirten und Landarbeitern in nennenswerter Weise nicht rechnen können, daß Bergarbeiter in größerer Zahl vertreten sind, daß aber das Gros der Vertriebenen den Berufen angehört, die in Deutschland heute überfüllt sind.

11 541 Beamte (Reichs-, Landes-, Gemeindebeamte — Schule und Kirche eingerechnet —) sind amtlich unter den Vertriebenen festgestellt. Der größere Teil dürfte verheiratet sein. Wir gehen nicht fehl, wenn wir die Zahl

der Beamten mit ihren Familienangehörigen auf 35000 veranschlagen.

Es kommen hinzu 2800 Eisenbahnarbeiter, deren Zahl wir bei Einschluß ihrer Angehörigen auf rund 7000 erhöhen müssen. Die Zahl ihrer Familienangehörigen dürfte niedriger sein als bei den Beamten, da gerade unter den Eisenbahnarbeitern eine große Zahl junger unverheirateter Leute sein dürfte.

Den Beamten entspricht eine große Zahl von Ruhegehaltsempfängern und Hinterbliebenen von Beamten. So allein 1200 Ruhegehaltsempfänger und 1000 Hinterbliebene der Reichseisenbahnbeamten bezw. Arbeiter. Bei vorsichtiger Schätzung kommen wir zu dem Resultat, daß nahezu die Hälfte aller vertriebenen Elsaß-Lothringer — etwa 50000 — dem Beamtenstand unter Einschluß der Ruhegehaltsempfänger und der Eisenbahnarbeiter angehört.

Nach Mitteilung der Zentralfürsorgestellen in Essen und in Münster i. W., zwei Sammellager, die vom Roten Kreuz für die Aufnahme der Flüchtlinge, vor allem aus Elsaß-Lothringen, eingerichtet worden sind, sind von diesen Stellen rund 5000 Arbeiter mit annähernd 10000 Angehörigen aufgenommen worden. Eine gewisse Zahl von Arbeitern dürfte sich ohne Vermittlung dieser Stellen Arbeit verschafft haben. So können die aus Elsaß-Lothringen vertriebenen Arbeiter nebst ihren Angehörigen auf etwa 20000 geschätzt werden.

Es bleiben rund 40000 vertriebene Elsaß-Lothringer, die sich auf Handel, Verkehr, Industrie, Selbständige und Angestellte, freie Berufe und Rentnertum verteilen. Zwei Drittel davon sind als Familienangehörige aus der Zahl der Erwerbstätigen auszuscheiden. Wie sich die restlichen rund 15000 Personen auf Handel und Verkehr, Industrie, freie Berufe und Rentnertum verteilen, ist schwer zu sagen. Während die Beamten, Eisenbahnarbeiter, Ruhegehaltsempfänger und Hinterbliebene von Beamten sich an ihren Brotgeber, den Fiskus, wandten, die Arbeiter zum großen Teil die eingerichteten Vermittlungsstellen benützten und auf diese Weise ziemlich genau erfaßt werden konnten, stehen die oben genannten Berufe außerhalb jeder größeren zusammenfassenden Organisation. Ihre Existenz beruht völlig auf ihrer eigenen Kraft, sie müssen auf dem Wege der freien Konkurrenz einen neuen Erwerb suchen und treten als Vertriebene nur durch ihre Entschädigungsforderung, die sie vom Reich für den Verlust ihres Vermögens verlangen, sowie durch ihren Anspruch auf Wohngelegenheit, in Erscheinung. Diese Entschädigungsfrage ist zurzeit in ihrer Lösung begriffen. Aus den Entschädigungsforderungen wird sich späterhin eine genaue Berufsgliederung auch dieser Gruppen der Flüchtlinge ergeben. Für unsere Betrachtung besteht kein wesentlicher Unterschied zwischen diesen Berufen. Sie gehören den in dem von uns dargelegten Sinne unproduktiven Berufen an. Beim Rentnertum muß hierbei noch eine besondere Erklärung erfolgen. Es wäre gewiß volkswirtschaftlich als eine Kraftzufuhr zu bezeichnen, wenn durch eine Einwanderung unserem Lande größere Kapitalmengen zugeführt würden. Auf diese Tatsache wurde bei der nach Frankreich im Jahre 1871/73 aus Elsaß-Lothringen erfolgten Einwanderung hingewiesen. Aber die altdeutschen Rentner, die heute aus Elsaß-Lothringen nach Deutschland einwandern, müssen ihr Hab und Gut den Franzosen überlassen, und Deutschland ist nach dem Friedensvertrag verpflichtet, sie zu entschädigen. So erfolgt keine Stärkung des deutschen Kapitalmarktes, sondern eine Schwächung auf dem Wege über Steuern. Dasselbe trifft bei allen Kapitalbesitzern unter den Vertriebenen zu.

Aus dem Gesagten geht hervor, daß die elsaß-lothringische Einwanderung auch mit Rücksicht auf die nötige Umgruppierung unserer nationalen Arbeitskräfte zur Urproduktion hin mit Ausnahme einiger Tausend Bergarbeiter keine Stärkung für unsere Volkswirtschaft bedeutet. Wie wir zu Anfang festgestellt hatten, daß die elsaß-lothringische Einwanderung rein quantitativ betrachtet in ihrer Bedeutung durch die gleichzeitige Rückwanderung von Auslandsdeutschen, Kolonialdeutschen und von Deutschen aus andern Grenzlanden nach Deutschland wächst, so wird

5*

auch diese Belastung der deutschen Volkswirtschaft im Hinblick auf die Berufszugehörigkeit der Einwanderer um so schwerwiegender, als die Berufsverhältnisse auch bei den Auslands- und Kolonialdeutschen ähnlich ungünstige sind. Unter diesen waren vor allem die Kaufleute stark vertreten, und wenn auch ein großer Teil von Deutschen sich im Ausland als Landwirte, so vor allem als Farmer in Amerika, niedergelassen haben, so muß man bedenken, daß das Ausland weniger Interesse an der Vertreibung solcher Agrarbevölkerung hat, als vielmehr an der Unterdrückung alles deutschen Einflusses in industriellen Unternehmen und im Handel. So werden Industrie und Handel unter den nach Deutschland zurückgefluteten Auslands- und Kolonialdeutschen noch stärker vertreten sein, als sie es unter den Auslands- und Kolonialdeutschen überhaupt waren. Ein Bild von der Berufsgliederung der Deutschen im Ausland können wir uns wenigstens hinsichtlich der Staaten verschaffen, die vor dem Kriege in ihren Statistiken die Reichsdeutschen oder die in Deutschland Geborenen auch dem Berufe nach berücksichtigten.

So gehörten z. B. die deutschen Reichsangehörigen bzw. die im Deutschen Reich Geborenen in ihrem Hauptberufe an:

In Österreich (deutsche Reichsangehörige im Jahre 1910):

Land- und Forstwirtschaft männliche	Land- und Forstwirtschaft weibliche	Industrie einschl. Bergbau und Baugewerbe männliche	Industrie einschl. Bergbau und Baugewerbe weibliche
3661	2083	23 992	2520

Handel männliche	Handel weibliche	Verkehr männliche	Verkehr weibliche	Angehörige männliche	Angehörige weibliche
5199	2587	2026	45	16 514	35 506

In den Niederlanden (deutsche Reichsangehörige im Jahre 1909):

Land- und Forstwirtschaft männliche	Land- und Forstwirtschaft weibliche	Industrie einschl. Bergbau und Baugewerbe männliche	Industrie einschl. Bergbau und Baugewerbe weibliche
869	218	5216	523

Handel männliche	Handel weibliche	Verkehr männliche	Verkehr weibliche	Angehörige männliche	Angehörige weibliche
1644	272	1433	266	7433	14 421

In England (im Deutschen Reich Geborene im Jahre 1911):

Land- und Forstwirtschaft		Industrie einschl. Bergbau und Baugewerbe	
männliche	weibliche	männliche	weibliche
226	17	11 964	1441

Handel		Verkehr		Angehörige	
männliche	weibliche	männliche	weibliche	männliche	weibliche
13 832	1477	2342	29	1669	10 529

(Vierteljahrshefte zur Statistik des Deutschen Reiches, 1916, IV, Ergänzungsheft.)

Auch die Einwanderung nach dem verkleinerten Deutschland aus den im Osten uns entrissenen Grenzlanden besteht zum größten Teil aus Angehörigen derjenigen Berufe, die bei unserer heutigen Wirtschaftslage eine Verminderung statt eine Vermehrung erfahren müssen. So vertreiben die Polen vor allem die deutschen Beamten und Lehrer aus dem von ihnen besetzten deutschen Gebiet. Die Landbevölkerung in den östlichen Provinzen Preußens, vor allem in Posen, setzt sich zum großen Teil aus Polen zusammen. Zur Sicherung der deutschen Kultur und des deutschen Einflusses hatte man allerdings vor dem Krieg in jenen Ostgebieten mit der Ansiedelung deutscher Bauern begonnen, und es ist damit zu rechnen, daß Polen gegen diese Deutschen vorgeht und vorgehen wird. Jedoch hatte diese Kolonisation vor dem Kriege nur langsame Fortschritte gemacht[1]), so daß der Prozentsatz der Bauern unter den aus dem Osten nach Deutschland Einwandernden nicht sehr hoch sein wird.

Den aus dem Ausland und aus den Kolonien nach Deutschland zurückgekehrten, sowie den im Osten vertriebenen Deutschen ist in weitem Umfang in ähnlicher Weise wie den aus Elsaß-Lothringen vertriebenen Deutschen ihr Hab und Gut von unsern Feinden genommen worden. Das übervölkerte Deutschland muß einen Strom

1) Unter Mitwirkung der preußischen Generalkommissionen wurden seit Erlaß der Rentengutsgesetze im Jahre 1891 bis zum Schlusse des Jahres 1916 insgesamt 22 603 Rentengüter ausgelegt, wovon 18 602 Neuansiedelungen waren (Archiv für innere Kolonisation, Jahrg. 1918/19, Heft 4/5).

von Einwanderern in sich aufnehmen, die ihm bei ihrer inneren und äußeren Verfassung und bei seiner wirtschaftlichen Lage nur zum geringsten Teil eine Kraftzufuhr, vielmehr in der Hauptsache eine schwere Belastung bedeuten.

Das deutsche Volk sieht sich durch diese Einwanderung vor schwere Aufgaben gestellt. Diese Aufgaben zu lösen, ist seine Pflicht.

Wir mußten uns zunächst vergegenwärtigen, in welch trostlosem Zustande sich unsere deutsche Wirtschaft befindet, und unter welchen ungünstigen Bedingungen sowohl hinsichtlich des Aufnahmelandes als auch der Einwandernden sich diese Einwanderung der vertriebenen Elsaß-Lothringer vollzieht. Wir mußten uns weiter vor allem überlegen, in welcher Richtung die Entwicklung unserer Volkswirtschaft verlaufen muß, wenn eine Besserung unserer wirtschaftlichen Lage eintreten soll, und ob die Einwanderung der Elsaß-Lothringer mit Rücksicht auf diese nötige Entwicklung trotz aller Hindernisse eine Stärkung für unser Zukunft bedeutet. So haben wir die äußerst schwierigen Verhältnisse kennen gelernt, unter denen die Eingliederung der vertriebenen Elsaß-Lothringer in die deutsche Volkswirtschaft vollzogen werden muß. Der größte Teil der Flüchtlinge gehört den Berufen an, die eine Verminderung erfahren müssen. Zielbewußtes Vorgehen bei der Durchführung der Eingliederung der Vertriebenen in unseren Wirtschaftskörper wird keine Möglichkeit ungenützt lassen dürfen, die Arbeitskräfte in die künftighin volkswirtschaftlich produktiven Bahnen überzuleiten.

Mit der Besprechung aller Schwierigkeiten sollte nicht eine Abschwächung der Pflicht erreicht werden, die das deutsche Volk den vertriebenen Elsaß-Lothringern gegenüber zu erfüllen hat. Es sollte nur auf die Schranken hingewiesen werden, die dieser Pflichterfüllung durch unsere Verarmung gesetzt sind. So wichtig alle wirtschaftlichen Maßnahmen sind, noch wichtiger ist für unser Volk jegliche Kräftigung nationaler Gesinnung und des Gemeinschaftsgefühls. Beim Aufbau der Existenz, die der einzelne um seines Deutschtums willen verloren hat, darf die Gemeinschaft ihre Hilfe nicht versagen. Sie muß dabei die Lage der Gesamtheit im Auge behalten und bei allen Maßnahmen das Interesse des einzelnen mit den Interessen der Gesamtheit in Einklang zu bringen suchen.

C. ZURÜCKSTELLUNG AUSSCHLIESSLICH MATERIELLER GESICHTSPUNKTE BEI DER BEURTEILUNG DER EINWANDERUNG.

Es kommt uns selbstverständlich bei der Besprechung der wirtschaftlichen Notlage Deutschlands und der Eingliederung der vertriebenen Elsaß-Lothringer in diese darniederliegende Volkswirtschaft vor allem darauf an, zu erkennen, unter welchen Bedingungen sich dieser Vorgang vollzieht, welche Organisationen mit dieser schweren Aufgabe betraut wurden oder sich von sich aus befassen, welche Maßnahmen ergriffen wurden, und wie diese Organisationen und Maßnahmen mit Rücksicht auf den einzelnen Vertriebenen und auf unsere wirtschaftliche Lage und Entwicklung zu beurteilen sind. Wir haben erkannt, daß die elsaß-lothringische Einwanderung vom wirtschaftlichen Gesichtspunkt aus eine schwere Belastung unserer Volkswirtschaft bedeutet.

Aber die Zukunft eines Volkes hängt nicht allein von den Muskeln seiner Arbeitskräfte und von dem Stand seiner landwirtschaftlichen und gewerblichen Produktion ab, sie ist wesentlich bedingt durch die geistige Beschaffenheit jedes einzelnen Volksgliedes, man könnte sagen, durch die Beschaffenheit der Volksseele. Der Glaube des Einzelnen an sein Volk, sein Wille mitzuarbeiten an der Verwirklichung einer wahren Volksgemeinschaft, die über die Tagessorgen hinweg ihren Blick auf große politische und kulturelle Ziele zu richten vermag, kann unter Umständen mehr Kraftzufuhr für ein Volk bedeuten, als der Zufluß von Kapital und nötiger Arbeitskraft, und dies ganz besonders bei einem wirtschaftlich schwer leidenden Volk. Denn hier ist die Gefahr am größten, daß in der materiellen Not eine viel gefährlichere geistige Not ein Volk erfaßt. Wahrhaft soziales und nationales Denken muß unser Volk davor bewahren. Und wenn die vertriebenen Elsaß-Lothringer bei einer rein wirtschaftlichen Betrachtung als eine Vermehrung der Elemente bezeichnet werden müssen, die unseren Wiederaufbau hemmen anstatt zu fördern, so unterliegt es keinem Zweifel, daß sie eine Stärkung der sozialen und nationalen Gesinnung in unserm Volk bedeuten. Nicht als ob sie jetzt in Deutschland einen Rachefeldzug gegen Frankreich predigten. Aber durch das Erleben der Fremdherrschaft ist ihr nationales Fühlen gefestigt, trotz der wirtschaftlichen Notlage, in der sie sich in Deutschland ausgeliefert sehen, sind sie stolz, Deutsche zu sein, weil sie das Fremde verachten lernten. Und durch ihre Liebe zur verlorenen Heimat, dessen Bevölkerung sie trotz mancher traurigen Erscheinungen am Ende des Krieges als einen deutschen Stamm kennen, der jetzt gegen die romanische Überfremdung in Sprache und Kultur kämpft, sind sie befähigt, das deutsche Volk zu einer Aufgabe aufzurütteln, die es über seine Tagessorgen und seinen inneren Zwist hinausführt, zu der Aufgabe, die zurzeit darin besteht, dem eigenen Volk und der ganzen Welt das Lügengewebe zu zerreißen, mit dem der Friede von Versailles die elsaß-lothringische Frage eingeschnürt hat. Solches Handeln mag heute noch als Sisyphusarbeit erscheinen und muß doch in Verbindung mit ähnlichen Bestrebungen seine Früchte tragen. Und neben dieses gekräftigte nationale Denken tritt bei den vertriebenen Elsaß-Lothringern eine echte soziale Gesinnung. Als Elsaß-Lothringer tragen sie alle als Deutsche ohne Unterschied der Klassen und Berufe dasselbe Los, durch den Verlust ihrer Heimat oder doch ihrer zweiten Heimat sind sie zu einer Einheit zusammengeschlossen.

Bei der nun folgenden Untersuchung der Hilfe, die das deutsche Volk den vertriebenen Elsaß-Lothringern hat zuteil werden lassen, sowohl auf ihre Größe als auf die Zweckmäßigkeit ihrer Durchführung, werden wir nicht vergessen dürfen, daß diese hilfsbedürftigen Deutschen zwar wirtschaftlich eine Belastung bedeuten, aber dennoch Kräfte in sich tragen, die wir zu unserm Wiederaufbau nötig brauchen. Daß diese Kräfte nicht verschüttet werden, ist ein Lebensinteresse des deutschen Volkes.

III. HAUPTTEIL.

DER WANDERUNGSVERLAUF UND DIE IM ZUSAMMENHANG DAMIT GETROFFENEN MASSNAHMEN.

A. ORGANISIERUNG UND ORGANE DER VERTRIEBENENHILFE.

1. ZUSAMMENFASSENDE ORGANISATIONEN.

a) ZENTRALSTELLE FÜR DIE ELSASS-LOTHRINGISCHEN BEAMTEN UND RUHEGEHALTSEMPFÄNGER IM REICHSAMT DES INNERN.

Durch den Artikel 6 des Waffenstillstandsvertrages vom 11. November 1918 schien die Sicherheit aller Einwohner in Elsaß-Lothringen gewährleistet. Wir haben schon im ersten Teil darauf hingewiesen, daß diese Ansicht auch von deutscher amtlicher Seite geteilt wurde. Jedoch die in den Revolutionstagen gegen altdeutsche Beamte, Geschäftsleute und Angestellte, sowie gegen diejenigen einheimischen Elemente, die man als Führer der deutschen Sache zu betrachten gewohnt war, gerichteten Drohungen von seiten der Franzosenpartei im Lande ließen berechtigte Zweifel an dieser feierlich verkündeten Sicherheit aller Einwohner aufkommen. Die deutschgesinnten Einheimischen, die schon im Verlauf des Krieges die Gehässigkeit der deutschfeindlichen Kreise unter den Elsaß-Lothringern kennen gelernt hatten, sahen die kommende Entwicklung bis zu einem gewissen Grad voraus. Ein altelsässischer Stadtrat aus Kolmar hat das Verdienst, schon vor dem Einmarsch der Franzosen bei den Reichsstellen in Berlin, unterstützt von einigen dort ansässigen Elsaß-Lothringern und durch den stellvertretenden elsaß-lothringischen Bundesratsbevollmächtigten, auf die zu erwartende Ausweisung von Beamten und Politikern aus Elsaß-Lothringen hingewiesen zu haben.

In einer Besprechung im Reichsamt des Innern am 28. November 1918 wurde die Einrichtung einer Zentralfürsorgestelle für die elsaß-lothringischen Beamten im Reichsamt des Innern beschlossen.

Noch kurz vor der Besetzung Elsaß-Lothringens durch die Franzosen wurde in der „Straßburger Post“ auf die Gründung einer Fürsorgestelle für die Elsaß-Lothringer im Reich hingewiesen, die gleiche Notiz erschien in einigen Zeitungen im Reich.

b) DER HILFSBUND FÜR DIE ELSASS-LOTHRINGER IM REICH.

Man hatte an die Fürsorge für wenige politisch am meisten hervorgetretene Persönlichkeiten gedacht. Durch die sofort nach der Besetzung Elsaß-Lothringens von den Franzosen durchgeführte Post- und Grenzsperre gerieten aber Tausende von oft planlos entlassenen elsaß-lothringischen Soldaten, sowie die im Hilfsdienst in Deutschland beschäftigten Elsaß-Lothringer, die sich zum Teil mit ihren Familien in Deutschland aufhielten, in eine schwere Notlage. Auf eine solchen Verhältnissen entsprechende Hilfsaktion war man nicht vorbereitet. Die Gründung einer solchen größeren Organisation wurde durch die politische Lage mit all ihrer Verwirrung und Unsicherheit ungeheuer erschwert. In einem kleinen leeren Ladenraum Schönebergs richteten einige Elsaß-Lothringer, darunter bereits aus ihrer Heimat Vertriebene, unter Leitung des genannten Kolmarer Stadtrates eine Hilfsstelle für die Elsaß-Lothringer ein. Es konnte sich in der Hauptsache nur um eine Beratungsstelle handeln, da größere Geldmittel nicht zur Verfügung standen. Aber diese Beratungsstelle hatte ihren großen Wert, indem auf diese Weise mancher elsaß-lothringische Soldat von altdeutscher Abstammung an der Rückkehr nach Elsaß-Lothringen verhindert werden konnte, die für ihn in den meisten Fällen mit Kriegsgefangenschaft geendet hätte.

Am 7. Dezember 1918 wurde von dieser Hilfsstelle im Rathaus zu Schöneberg — der Oberbürgermeister von

Schöneberg, ein Elsaß-Lothringer, war an diesen Maßnahmen, die für die in Not geratenen Elsaß-Lothringer im Reich zu allererst ergriffen wurden, in hohem Maße beteiligt — eine von etwa 50 Personen besuchte Versammlung einberufen, die den Beschluß faßte, neben der amtlichen Zentralstelle für die Beamten im Reichsamt des Innern einen Hilfsbund für die Elsaß-Lothringer im Reich zu privater Unterstützungstätigkeit zu gründen. Ein geschäftsführender Ausschuß wurde sofort gewählt. Ein Aufruf zur Sammlung von Geldmitteln sollte sofort veröffentlicht werden. Leider zeigte ein großer Teil der Presse wenig Verständnis für die Notlage der Flüchtlinge, und auch die sonstigen Schwierigkeiten infolge der politischen Unruhen waren so große, daß dieser Aufruf erst Anfang Januar 1919 erscheinen konnte. Inzwischen hatte aber der stellvertretende elsaß-lothringische Bundesratsbevollmächtigte beim Reichsfinanzministerium erreicht, daß dem neu gegründeten Hilfsbund am 17. Dezember 1918 20000 M. bewilligt wurden, deren Ueberweisung sich bis Anfang Januar 1919 verzögerte. In den letzten Tagen des Dezember wurden dem Hilfsbund vom Reichsamt des Innern eigene Büroräume in der Wilhelmstraße überlassen.

α) DER AUSSCHUSS VERTRIEBENER ELSASS-LOTHRINGER IN FREIBURG.

Die meisten vertriebenen oder zur Auswanderung gezwungenen Elsaß-Lothringer erfuhren jedoch nichts von dem Bestehen dieses Hilfsbundes. Der Strom der Flüchtlinge ergoß sich über den Rhein nach Baden, und wer von den Flüchtlingen keine nahen Verwandten oder sonst Bekannte in Deutschland hatte, bei denen er ein vorläufiges Unterkommen finden konnte, blieb in Baden, in der Hoffnung, eines Tages in die elsaß-lothringische Heimat zurückkehren zu können, um wenigstens sein Hab und Gut zu holen. Und wer darauf nicht hoffte, wollte so lange in Baden bleiben, bis er in seinem Beruf eine neue Existenz in Deutschland gefunden haben würde. In gleicher Weise blieben auch die entlassenen elsaß-lothringischen Soldaten altdeutscher Herkunft in Baden, nachdem sie an den Rheinbrücken erfahren hatten, daß nach Elsaß-Lothringen zurückkehrende Soldaten in vielen Fällen von den Franzosen als Kriegsgefangene abgeführt worden waren, um auf den Tag zu warten, an dem die Grenzsperre aufgehoben würde, und sie zu ihren Angehörigen zurückkehren könnten. Daß Frankreich die Grenzsperre jahrelang, bis zum heutigen Tage, aufrechterhalten würde, konnte man damals noch nicht ahnen. Alle Ratschläge von seiten der Behörden fruchteten nichts, und so stieg die Flüchtlingsnot und vor allem die Wohnungsnot in Baden aufs höchste, und es mußten Schritte unternommen werden, um dieser Not zu steuern. Berlin lag in jenen unruhigen Zeiten viel zu weit entfernt, um eine Einwirkung auf diese Verhältnisse ausüben zu können.

In Freiburg in Baden hatten sich besonders viele Flüchtlinge angesammelt. Am 20. Dezember 1918 ergriff ein Kaufmann aus Mülhausen die Initiative, und berief eine Versammlung der Flüchtlinge. Ein Ausschuß wurde gewählt, der damit beauftragt wurde, zu untersuchen, welche Schritte zur Linderung der Not und zur Sicherung der Zukunft der Flüchtlinge zu tun seien und die nötigen Maßnahmen zu treffen. Der Ausschuß sandte sofort eine Protestnote gegen die Ausweisungen Deutscher aus Elsaß-Lothringen und die brutale Art ihrer Durchführung, sowie gegen die völkerrechtswidrige Zurückbehaltung sämtlichen Privateigentums an den Volksbeauftragten Ebert, an die deutsche Waffenstillstandskommission, an den schweizerischen Bundespräsidenten Calonder, den schweizerischen Bundespräsidenten Ador und den Präsidenten Wilson. Außerdem trat der Ausschuß sofort in Verbindung mit den Landesarbeitsämtern Süddeutschlands, um einen Arbeitsnachweis für die Flüchtlinge einzurichten. Es war bedeutsam, daß der Ausschuß als Beratungsstelle für die Flüchtlinge sich dazu entschloß, ein Nachrichtenblatt für alle elsaß-lothringischen Flüchtlinge herauszugeben, das alle die Flüchtlinge betreffenden und interessierenden Fragen handeln und je nach Bedarf erscheinen sollte. Die erste

Nummer erschien im Januar 1919 unter dem Titel „Mitteilungen des Ausschusses vertriebener Elsaß-Lothringer“. Mit der Fürsorge für die vertriebenen Flüchtlinge durch Geldspenden beschäftigte sich dieser Ausschuß nicht besonders, da in den Tagen seiner Gründung gleichzeitig in Freiburg unter Leitung eines Straßburger Universitätsprofessors eine Fürsorgestelle für vertriebene Elsaß-Lothringer ins Leben gerufen worden war, die vor allem durch den damaligen Leiter der badischen Gefangenenfürsorge, einen Freiburger Universitätsprofessor, der sich um die Flüchtlinge aus Elsaß-Lothringen auch sonst große Verdienste erworben hat, gestützt wurde. Da der Abtransport der ausgewiesenen Deutschen vor allem von Straßburg aus über den Rhein nach Kehl erfolgte, so war dort die Hilfe am nötigsten. Selbsthilfe der Flüchtlinge konnte nicht ausreichen.

c) DIE REICHSZENTRALSTELLE FÜR DIE ÜBERNAHME DER FLÜCHTLINGE.

Der badische Oberamtmann in Kehl leistete in seiner Eigenschaft als Amtsvorstand und als Vorsitzender des Bezirksausschusses des Roten Kreuzes in Kehl den Vertriebenen die ersten Dienste. Am 19. Dezember 1918 waren vom Reich 300000 M. an Baden zur Unterstützung der Flüchtlinge aus Elsaß-Lothringen überwiesen worden. Aber weder diese Übernahmeorganisation, noch diese geringen Geldmittel konnten dem Umfang gegenüber, den die Ausweisungen in Elsaß-Lothringen erreichten, genügen. Der ehemalige Polizeidirektor von Metz war Mitte Dezember 1918 als Kommissar des Reichsministeriums des Innern bei der badischen Regierung bestellt worden, um in Baden die Übernahme der elsaß-lothringischen Flüchtlinge zu organisieren. Auf Grund von Besprechungen beim badischen Ministerium, sowie mit verschiedenen Vertriebenen, berichtete er mehrfach gemeinschaftlich mit dem Leiter der badischen Gefangenenfürsorge an die Reichsregierung, daß mit einer weiteren Zunahme der Flüchtlinge zu rechnen sei, und es in Baden zu sehr bedenklichen Zuständen führen müsse, wenn nicht Vorsorge für eine geregelte Übernahme der Flüchtlinge und ihre Weiterleitung in das Innere Deutschlands getroffen würde. Am 1. Januar 1919 wurde er damit beauftragt, Übernahmestellen an den Rheinübergängen, sowie eine Zentralstelle für die Übernahme der Vertriebenen in Freiburg einzurichten.

Im Laufe des Januar wurden Übernahmestellen in Offenburg, Rastatt, Breisach, Mülheim, Weil-Leopoldshöhe, sowie die Reichszentralstelle für die Übernahme in Freiburg eingerichtet. Die Übernahmestelle Kehl mußte am 29. Januar 1919 wegen der Besetzung Kehls durch die Franzosen nach Offenburg verlegt werden.

Sämtliche Stellen wurden mit Flüchtlingen besetzt, in erster Linie mit ausgewiesenen Beamten.

Aufgabe der Reichszentralstelle und ihrer Übernahmestellen war es nun, die Flüchtlinge zu beraten, die Beamten und Lehrer an die Zentralstelle für die Beamten im Reichsministerium des Innern, die Angehörigen der übrigen Berufe an die Selbsthilfeorganisationen der Vertriebenen zu verweisen, den Bedürftigen mit kleinen Geldsummen, sowie mit Nahrungsmitteln und Kleidungsstücken auszuhelfen, und alle Vertriebenen möglichst nach ihren Heimatstaaten, denen sie oder doch ihre Eltern angehörten, weiterzuleiten. Bei der Weiterleitung wurde auf die besonderen Wünsche der Vertriebenen Rücksicht genommen, die in vielen Fällen Obdach bei Bekannten und Verwandten suchten, oder aus anderen Gründen Süddeutschland nicht verlassen wollten. Für den vorübergehenden Aufenthalt der Flüchtlinge wurden bei den Übernahmestellen Sammellager teils in Kasernen, teils in ehemaligen Gefangenenlagern, so z. B. in Rastatt, eingerichtet. Außerdem wurden die Flüchtlinge bei den Übernahmestellen mit Flüchtlingsausweisen versehen, um ihre Flüchtlingseigenschaft bei Beanspruchung weiterer Hilfe an anderen Orten kontrollieren zu können.

Durch Gründung von Übernahmestellen in den einzelnen deutschen Ländern wurde das System der Aufnahme der Flüchtlinge weiter vervollständigt. So wurde für Preußen am 12. März 1919 eine Übernahmestelle in

Frankfurt a. M.[1]) eingerichtet, etwa zur selben Zeit eine solche für Württemberg in Mühlacker und in Freudenstadt, für Bayern in Neu-Ulm, für Hessen in Darmstadt und für Sachsen in Plauen. Diese Landesübernahmestellen sind jedoch, wie wir später sehen werden, nicht von der Reichsübernahme, sondern vom Roten Kreuz errichtet worden. Die Vertriebenen wurden, wenn sie kein festes Ziel hatten, von den Reichsübernahmestellen je nach ihrer Staatsangehörigkeit den einzelnen Landesübernahmestellen zugewiesen — die Alt-Elsaß-Lothringer wurden nach Württemberg weitergeleitet —, die für ihr Weiterkommen sorgen sollten.

Diese Übernahme stellte nur eine kurze vorübergehende Hilfe dar, und konnte nicht genügen. Die wenigsten unter den Flüchtlingen waren in der Lage, sich selbst zu erhalten. Die meisten hatten all ihr Hab und Gut in Elsaß-Lothringen zurücklassen müssen. Bei der großen Teuerung konnten sie ohne eigene Mittel auch nicht bei Bekannten oder Verwandten auf längere Zeit ein Unterkommen finden. Arbeitsgelegenheit fanden nur wenige in jenen ersten Monaten nach der Revolution und während der Demobilmachung.

Für die Beamten und Ruhegehaltsempfänger war durch Weiterzahlung des Gehalts von seiten der Zentralstelle für die elsaß-lothringischen Beamten usw. einigermaßen gesorgt, aber für alle übrigen Flüchtlinge — und die Zahl der nichtbeamteten Flüchtlinge erhöhte sich im Vergleich zu den Beamten von Monat zu Monat — mußten größere Mittel zur Unterstützung bereitgestellt werden. Die Selbsthilfeorganisationen der Vertriebenen waren dazu nicht imstande. In Baden wurde durch Verordnung des Ministeriums des Innern die Unterstützung der vertriebenen Elsaß-Lothringer durch die Gemeinden angeordnet, in Württemberg wurde die Fürsorge für diese der Kriegsfürsorge angegliedert. Es waren dies die ersten Versuche einer Dauer-

1) Seit August 1920 als selbständiges Reichskommissariat der Ministerialabteilung für Elsaß-Lothringen im Reichsministerium des Innern unterstellt.

fürsorge für die Flüchtlinge, aber es fehlte jegliche Einheitlichkeit, und es war vor allem nicht geklärt, woher die nötigen Geldmittel genommen werden sollten.

d) DAS ROTE KREUZ.

Am 1. Februar 1919 wurde diesem unklaren Zustand ein Ende gemacht, indem die Unterstützung der vertriebenen Elsaß-Lothringer dem Zentralkomitee des Roten Kreuzes in Berlin von der Reichsregierung übertragen wurde. Durch seine Ortsausschüsse, zusammengefaßt in Landes- bzw. Provinzialvereinen, sollte das Rote Kreuz diese Fürsorgetätigkeit ausüben. Die Mittel zur Durchführung dieser Fürsorge stellte zu vier Fünftel das Reich, um schließlich später die Geldbeschaffung ganz zu übernehmen.

Diese Regelung fand nicht die Zustimmung aller Vertriebenen. Das Rote Kreuz ist eine Organisation charitativen Charakters. Die Vertriebenen wollten keine Wohltätigkeiten empfangen, sie empfanden es vielmehr als ihr Recht, in ihrer Lage, in die sie als deutsche Staatsbürger gekommen waren, vom Deutschen Reich unterstützt zu werden. Aber bei der Verteilung der Vertriebenen über das ganze Reich konnte die Reichsregierung bei der trostlosen Finanzlage nicht daran denken, eine Neuorganisation für die Unterstützung der vertriebenen Elsaß-Lothringer zu schaffen, abgesehen davon, daß sofortige Hilfe nottat, und eine Organisation Wochen und Monate zur Einrichtung bedurft hätte.

Die Fürsorge für die Vertriebenen den Gemeinden anzuvertrauen, schien im Interesse der Flüchtlinge selbst nicht geraten. Eine engherzige schematische Behandlung der Flüchtlinge wäre zu befürchten gewesen. Im Roten Kreuz sah man insbesondere wegen seines charitativen Charakters die geeignete Organisation, um die Unterstützung den Einzelfällen anzupassen.

Eine Angliederung der Vertriebenenfürsorge an die Erwerbslosenfürsorge war schon hinsichtlich dieser Verschiedenheit der einzelnen Fälle nicht durchführbar. Die

Erwerbslosenfürsorge, völlig zugeschnitten auf die unteren Klassen, in erster Linie auf die Arbeiterschaft, konnte in Anbetracht dessen, daß die Flüchtlinge aus Elsaß-Lothringen den verschiedensten Berufen und Klassen angehörten, nicht ausreichen, und es wäre zu befürchten gewesen, daß die Gemeinden, die von den Lasten der Erwerbslosenfürsorge zwei Zwölftel zu tragen hatten, den Zuzug von Flüchtlingen aus diesem Grunde noch mehr erschweren würden, als sie es ohnehin taten. Doch davon abgesehen, war nach der Fassung der Verordnung über Erwerbslosenfürsorge[1]) eine Behandlung der Flüchtlinge als Erwerbslose nicht möglich.

So fehlte es weiterhin an einem Rechtsanspruch der Flüchtlinge auf Gewährung von Beihilfen, aber es war doch als großer Gewinn zu verzeichnen, daß eine ganz Deutschland umfassende Organisation mit der Hilfe für die Vertriebenen beauftragt war.

Das Rote Kreuz hat nicht überall die praktische Durchführung der Fürsorge selbst in die Hand genommen. In Württemberg wurde auch weiterhin die Fürsorge vom württembergischen Arbeitsministerium, Abteilung für soziale Volkswohlfahrt (Kriegsfürsorge), durchgeführt, und in Baden, wo sich der Landesverein des Roten Kreuzes der besonders hohen Zahl von bedürftigen Flüchtlingen in Baden gegenüber nicht gewachsen fühlte, ging die Ausübung der Fürsorge nach kurzer Zeit auf die Reichszentralstelle für die Übernahme der Flüchtlinge in Freiburg über, die durch Einrichtung von selbständigen Fürsorgestellen in verschiedenen Gemeinden Badens unter Heranziehung der Ortsausschüsse des Roten Kreuzes und der Selbsthilfeorganisation der Vertriebenen ihre Aufgabe in bester Weise erfüllte.

Zusammengefaßt war, wie betont, diese Dauerfürsorge — d. h. die Fürsorge für die in Not befindlichen vertriebenen Elsaß-Lothringer nach ihrer Weiterleitung durch die Übernahmestellen bis zu dem Tage, an dem sie Arbeits-

1) Reichsgesetzblatt 1918, S. 1305.

und Wohngelegenheit gefunden hatten — in der Organisation des Roten Kreuzes.

. Aufgabe der Selbsthilfeorganisationen der Flüchtlinge mußte es nun vor allem sein, die Interessen der einzelnen Vertriebenen gegenüber dem Roten Kreuz und den die Fürsorge durchführenden Stellen zu vertreten. Wir haben gesehen, daß sich zwei größere Organisationen der Flüchtlinge bereits im Dezember 1918 gebildet hatten: der „Hilfsbund für die Elsaß-Lothringer im Reich" mit Sitz in Berlin, und der „Ausschuß vertriebener Elsaß-Lothringer" mit Sitz in Freiburg. Beide Vereinigungen hatten sich in den Monaten Januar und Februar 1919 weiter ausgebaut. An verschiedenen Orten Deutschlands schlossen sich die elsaß-lothringischen Flüchtlinge zusammen und erklärten teils dem Hilfsbund, teils dem Freiburger Ausschuß ihren Beitritt als Ortsgruppen. Der Gedanke, daß nur einheitliches geschlossenes Vorgehen aller Vertriebenen Erfolg haben könne, führte am 22. Februar 1919 zur Umwandlung des Freiburger Ausschusses in die Landesgruppe Baden des Hilfsbundes für die Elsaß-Lothringer im Reich. Eine einheitliche Interessenvertretung aller Flüchtlinge wurde dadurch gewährleistet. Durch Überweisung größerer Mittel von seiten des Reiches und des Roten Kreuzes war der Hilfsbund in der Lage, seine Organisation weiter auszubauen, die Fürsorge des Roten Kreuzes durch seine Ortsgruppen zu ergänzen und neue Aufgaben anzufassen. Das Organ des Freiburger Ausschusses wurde in erweitertem Umfang als Wochenzeitschrift zum Organ des Hilfsbundes umgewandelt.

So bestanden Ende Februar 1919 vier große Organisationen im Dienste der elsaß-lothringischen Flüchtlinge, darunter zwei Reichsstellen:

1) die Zentralstelle für elsaß-lothringische Beamte und Ruhegehaltsempfänger im Reichsministerium des Innern,

2) die Reichszentralstelle in Freiburg mit den fünf Übernahmestellen Offenburg, Rastatt, Weil-Leopoldshöhe, Breisach, Müllheim,

3) vom Reich mit der Fürsorge für die vertriebenen Elsaß-Lothringer beauftragt: das Rote Kreuz,

4) die vom Reich durch Geldmittel gestützte Selbsthilfeorganisation der Flüchtlinge: der Hilfsbund für die Elsaß-Lothringer im Reich.

Noch fehlte eine Zusammenfassung dieser verschiedenen Stellen.

e) DIE MINISTERIALABTEILUNG FÜR ELSASS-LOTHRINGEN IM REICHSMINISTERIUM DES INNERN.

Es muß darauf hingewiesen werden, daß die elsaßlothringischen Flüchtlinge über der Not und den Kampf ums tägliche Brot das große kulturpolitische Problem, dessen Opfer sie geworden waren, nicht vergaßen. Wo immer möglich, führten sie in Schrift und Wort den Kampf gegen die ungeheuerliche Verletzung des Völkerrechts in Elsaß-Lothringen durch die Franzosen und mahnten ihre deutschen Volksgenossen, nicht zu vergessen, daß Elsaß-Lothringen seiner Geschichte und Bevölkerung entsprechend deutsches Land sei, aber auch völkerrechtlich noch immer deutscher Boden trotz der Besetzung durch die französische Armee. Frankreich behandle Elsaß-Lothringen als französisches Staatsgebiet, noch bevor ein Friedensvertrag über die fernere Zukunft der Reichslande bestimmt habe. Damit dürfe sich das deutsche Volk nie und nimmer zufrieden geben.

Aus solcher Gesinnung wurde der Entschluß geboren, aus dem Kreise der Flüchtlinge Vertreter Elsaß-Lothringens in die verfassunggebende deutsche Nationalversammlung zu entsenden. Elsaß-Lothringen war noch deutsches Staatsgebiet und somit seine Bevölkerung berechtigt, Vertreter in die deutsche Nationalversammlung zu wählen. Französische Willkür hinderte es daran. So erließ der Hilfsbund für die Elsaß-Lothringer im Reich im Januar 1919 einen Aufruf an alle elsaß-lothringischen Flüchtlinge. Dem Aufruf war ein Wahlvorschlag mit 12 Kandidaten — zum größten Teil Alt-Elsaß-Lothringer, die schon im politischen Leben ihrer Heimat vor dem Kriege eine führende Rolle gespielt hatten — beigefügt. Durch Unterschrift sollten alle Flüchtlinge diese Männer zu Vertretern ihrer Sache ernennen und in die deutsche verfassunggebende Nationalversammlung entsenden, um gegen das völkerrechtswidrige Vorgehen Frankreichs vor aller Welt zu protestieren. Mehr als 4500 Flüchtlinge — es kamen selbstverständlich nur die wahlberechtigten Vertriebenen in Frage — erteilten ihre Zustimmung durch Unterschrift. Die elsaß-lothringische Abordnung wurde jedoch in Weimar in der Nationalversammlung nicht vorgelassen. Es muß zugegeben werden, daß diese elsaß-lothringischen Abgeordneten nicht auf dem gesetzlich vorgeschriebenen Weg der Wahl, wie die Abgeordneten der übrigen deutschen Bundesstaaten, mit ihren Mandaten betraut worden waren. Die Reichsregierung und die Parteien glaubten ihre juristischen Bedenken nicht überwinden zu können und befürchteten durch Vorlassung einer solchen außergesetzlich zustande gekommenen Vertretung eines bestimmten Volksteiles einen Präzedenzfall zu schaffen, der in der Zukunft unangenehme Folgen haben könnte. Es hat jedoch leider den Anschein, daß man Frankreich gegenüber eine solche offene Kampfstellung nicht wagte.

Der Protest, den die elsaß-lothringische Abordnung an den Präsidenten der Nationalversammlung gegen das Vorgehen Frankreichs einsandte, konnte nicht den Eindruck auf die neutrale und uns feindliche Welt machen, den man von einer Kundgebung erwarten durfte, wie sie das Auftreten der Abgeordneten eines Teiles des elsaß-lothringischen Volkes in der deutschen Nationalversammlung bedeutet hätte.

Die Entsendung dieser Vertreter nach Weimar sollte jedoch für die Flüchtlinge nicht ohne jeden Erfolg bleiben. Durch Besprechungen mit Abgeordneten aller Parteien konnten die reichsländischen Abgeordneten die Kenntnis von der Not der Flüchtlinge in weite Kreise hineintragen. Am 21. Februar 1919 nahm die Nationalversammlung eine Entschließung an, in der eine besondere Vertretung für die elsaß-lothringischen Angelegenheiten in der Reichsregierung gefordert wurde. Bereits am 22. Februar beschloß das Reichskabinett, im Reichsministerium des Innern eine Abteilung für die elsaß-lothringischen Angelegenheiten zu errichten. An die Spitze dieser Abteilung wurde als Ministerialdirektor ein Altelsässer, der bisherige elsaß-lothringische Direktor der direkten Steuern, berufen. Am 27. Februar wurde in der Nationalversammlung ein Notgesetz für elsaß-lothringische Angelegenheiten in 1., 2. und 3. Lesung angenommen (RGBl. Jahrg. 1919, S. 257). Dieses Gesetz übertrug bis auf weiteres die dem Statthalter und den Verwaltungsbehörden Elsaß-Lothringens zustehenden Befugnisse auf den Reichsminister des Innern. Ausführendes Organ wurde die im Reichsministerium des Innern neu gegründete Abteilung für Elsaß-Lothringen. Ihr Tatigkeitsbereich umfaßt keineswegs nur die Fragen, die im Zusammenhang mit den nach Deutschland eingewanderten Elsaß-Lothringern auftauchten, sondern sämtliche Aufgaben, die sich bei der Durchführung des Friedensvertrages ergeben, soweit diese sich auf Elsaß-Lothringen beziehen, insbesondere die Erfüllung der in Ausführung des Friedensvertrages geschlossenen Abkommen, wie z. B. das gemäß Art. 62 des Friedensvertrags geschlossene Pensionsabkommen, das gemäß Art. 58 geschlossene Finanzabkommen[1]). Für unsere weiteren Betrachtungen kommt jedoch diese Ministerialabteilung nur insoweit in Betracht, als sie bei der Hilfe für die vertriebenen Elsaß-Lothringer Bedeutung erlangt hat.

Wenn im folgenden von der Tätigkeit und der Stellung dieser Ministerialabteilung zu andern Hilfsstellen für die vertriebenen Elsaß-Lothringer gesprochen wird, darf nicht übersehen werden, daß diese Abteilung nur als Organ des Reichsministers des Innern tätig ist, und sämtliche wichtigen Entscheidungen durch den Reichsminister des Innern selbst getroffen werden.

1) Welche Fülle von Arbeit in dieser Abteilung zu leisten ist, erhellt schon aus der Tatsache, daß am 1. September 1920 in ihr 300 Beamte beschäftigt waren. Sämtliche Stellen sind mit aus Elsaß-Lothringen vertriebenen Beamten besetzt.

Die Zentralstelle für elsaß-lothringische Beamte und Ruhegehaltsempfänger wurde der Abteilung eingegliedert, ebenso wurde ihr die Reichszentralstelle in Freiburg mit ihren Übernahmestellen unterstellt[1]). Über die Tätigkeit des Roten Kreuzes hinsichtlich der Fürsorge für die vertriebenen Elsaß-Lothringer übt die Abteilung eine gewisse Kontrolle aus und führt ihr die nötigen Mittel vom Finanzministerium zu. Der Hilfsbund für die Elsaß-Lothringer im Reich durfte der Regierungsstelle nicht untergeordnet werden. Er mußte eine völlig unabhängige Vertretung der Flüchtlinge bleiben. Durch den Hilfsbund sollte jedoch der Abteilung eine Fühlungnahme mit den Vertriebenen ermöglicht werden. Zur Sicherung dieser Verbindung und um gleichzeitig den Vertriebenen Gelegenheit zu geben, ihre Interessen gegenüber der Regierung zu vertreten, wurde von der Regierung (nach Vorschlägen aus dem Kreise der Vertriebenen) ein Beirat berufen, bestehend aus drei Flüchtlingen als Vertreter der Majoritätsparteien der Nationalversammlung und 12 Flüchtlingen als Vertreter der verschiedenen Berufsgruppen. Dieser Beirat, als dessen Vorsitzender der ehemalige alt-elsässische Bürgermeister von Straßburg und letzte Statthalter von Elsaß-Lothringen gewonnen wurde, sollte die Möglichkeit haben, die Regierung in allen wichtigen Fragen über die Wünsche und Klagen der Flüchtlinge zu unterrichten, und die Regierung hatte auf diesem Wege die Möglichkeit, sich vor wichtigen Entscheidungen über Stimmung und Meinung der Vertriebenen Aufklärung zu verschaffen.

So war die Zusammenfassung aller mit der Sorge für die Zukunft der vertriebenen Elsaß-Lothringer betrauten Organisationen im März vorigen Jahres erreicht.

Im Laufe der nächsten Monate bildeten sich noch verschiedene Vereinigungen zur Wahrnehmung besonderer Interessen unter den Vertriebenen. Die meisten dieser Bestrebungen fanden ihren Rückhalt in dem Hilfsbund für die Elsaß-Lothringer im Reich, der schon bald die Masse

1) Seit 1. Januar 1920 als Zweigstelle der Abteilung nach Lahr in Baden verlegt (wegen Mangel an geeigneten Büroräumen).

der Vertriebenen in sich vereinigte. Den Mittelpunkt für die Durchführung aller Aufgaben bildete die Abteilung für Elsaß-Lothringen im Reichsministerium des Innern. Diese Ministerialabteilung, der Hilfsbund und für die praktische Durchführung der Fürsorge das Rote Kreuz sind bis heute die Träger der Hilfsaktion für die Flüchtlinge aus Elsaß-Lothringen.

2. ORGANISATIONEN FÜR BESONDERE AUFGABEN.

a) BERUFSSCHUTZORGANISATIONEN.

Während sich der Zusammenschluß der vertriebenen Elsaß-Lothringer in den ersten Monaten in zentralistischer Richtung entwickelt hatte, und als wichtigste Vorbedingung für jeden Erfolg bei der Vertretung der Interessen der Vertriebenen die Sammlung aller Kräfte betrachtet wurde, setzte sich schon bald unter den notleidenden Flüchtlingen die Überzeugung durch, daß zwar in einzelnen Hauptpunkten ein gemeinsames Vorgehen aller Flüchtlinge am Platze sei, aber infolge der Verschiedenheit der Lage der Vertriebenen ersprießliche Arbeit nur durch Vereinigung der in gleichen Verhältnissen befindlichen geleistet werden könne. Die Hoffnung, durch Proteste und Hilferufe an das neutrale Ausland und die eigene Waffenstillstandskommission, das wortbrüchige Frankreich zur Zurücknahme der Ausweisungsbefehle und der Vermögensbeschlagnahme zu zwingen, mußte schon nach den ersten Wochen nach dem Waffenstillstand aufgegeben werden. Die Geschehnisse ließen sich nicht mehr rückgängig machen. Es gab nur das eine: Neuaufbauen. Und hier hinsichtlich des Wiederaufbaus der verlorenen Existenz lagen die Bedingungen für die Vertriebenen sehr verschieden. Am deutlichsten zeigte sich von vornherein der Unterschied zwischen Beamten und Nichtbeamten, der seinen Ausdruck darin fand, daß die Beamten ihr Gehalt, wenn auch oft mit großer Verzögerung, weiter ausbezahlt erhielten, während die in Not geratenen Flüchtlinge der anderen Berufsgattungen auf Unterstützungen angewiesen waren, die anfangs nur sehr spärlich flossen. Den Beamten kam es vor allem darauf an, die Anerkennung ihres Rechtes auf eine Wiederanstellung durchzudrücken, den Arbeitern auf Vermittlung von Arbeit und Wohnung, den freien Berufen auf Ersatz der verlorenen Praxis, den Kaufleuten auf Entschädigung ihres verlorenen Geschäftes und den Kapitalbesitzern auf Entschädigung der zurückgelassenen Werte. So war es ganz natürlich, daß sich eine gewisse Trennung nach Berufen unter den Vertriebenen vollzog.

Im April 1919 wurde in Berlin ein „Bund der vertriebenen elsaß-lothringischen mittleren und unteren Landesbeamten, Landesversicherungs-, Bezirks- und Gemeindebeamten, Lehrer und Lehrerinnen" gegründet, dem nach kurzer Zeit auch die oberen Beamten beitraten. Der Bund schloß sich alsbald dem deutschen Beamtenbund an, durch dessen Verlag „Die Gemeinschaft" monatlich zweimal als Mitteilungsblatt für den Bund der elsaß-lothringischen Beamten erscheint. Dieser Beamtenbund hat die Fühlung mit dem Hilfsbund für die Elsaß-Lothringer im Reich nicht verloren. Die meisten Mitglieder des Beamtenbundes sind auch Mitglieder des Hilfsbundes, und somit ist die Einheitsfront aller Vertriebenen nicht zerstört, wenn auch im übrigen keine Verbindung der beiden Organisationen besteht.

In viel stärkerer Anlehnung an den Hilfsbund erfolgte die weitere Gliederung der Vertriebenen nach ihren Berufen unter den Nichtbeamten.

Schon im Sommer 1919 hatte man innerhalb der Ortsgruppen des Hilfsbundes besondere Berufsgemeinschaften bilden wollen, um auf diese Weise im Rahmen des Hilfsbundes die nötigen Mittelpunkte für die als wichtig erkannte Arbeit der einzelnen Berufsgruppen zu schaffen. Infolge von Reibungen kam dieser Plan nicht zur Durchführung, und es wurden nun verschiedene berufliche Vereinigungen außerhalb der Organisation des Hilfsbundes gegründet, ohne daß sie jedoch den Zusammenhang mit diesen verloren hätten. So wurden in der Folgezeit gegründet: am 19. September 1919 ein „Schutzverband der aus Elsaß-Lothringen verdrängten Handel- und Gewerbetreibenden" mit dem Sitz in Frankfurt a. M., etwa zur selben Zeit eine „Vereinigung vertriebener deutscher Zivilärzte", Sitz ebenfalls Frankfurt, am 25. Oktober 1919 eine „Vereinigung der vertriebenen Rechtsanwälte aus Elsaß-Lothringen", am 18. Februar 1920 eine „Vereinigung der aus Elsaß-Lothringen verdrängten Zahnärzte", im März 1920 eine „Vereinigung elsaß-lothringischer Gewerbe-, Handeltreibender und freier Berufe in Württemberg" mit dem Sitz in Stuttgart, im März 1920 ein „Schutzverband der aus Elsaß-Lothringen vertriebenen deutschen Eigentümer" mit Sitz in Frankfurt.

So hatte das aus dem gleichen Beruf erwachsene Gemeinschaftsgefühl in erster Linie zu einer Dezentralisierung der Hilfsorganisation geführt. Der Wert dieser Vereinigungen liegt in dem einseitigen Verfolgen bestimmter Berufsinteressen. Als wichtigste Aufgabe betrachten es diese Berufsverbände, die Notlage der Angehörigen der von ihnen vertretenen Berufsarten klarzulegen, der Reichsregierung die trostlose Lage ihrer Mitglieder vorzutragen, Hilfe vom Reich zu verlangen und Vorschläge einzubringen, in welcher Art diese Hilfe am besten durchgeführt werden könne. In dem Kampf um Ersatz für die in Elsaß-Lothringen verlorenen Güter und Rechte, der Existenz in verschiedenster Form, haben diese Berufsvereinigungen für die alle vertriebenen Elsaß-Lothringer vertretenen Organisationen, den Hilfsbund und den Beirat, einen wertvollen Bundesgenossen bedeutet. Wir haben in der obigen Aufzählung nicht alle Vereinigungen dieser Art angeführt. Künstler, Apotheker, Notare und andere Berufe haben sich in gleicher Weise zusammengeschlossen. Die genannten Verbände treten jedoch durch eine sehr rege Tätigkeit in besonderem Maße hervor.

Diese Berufsschutzorganisationen haben außerdem für ihre Mitglieder Beratungsstellen eingerichtet und können zum Teil als Arbeitsvermittlungsstellen bezeichnet werden. Die Vereinigung der Zivilärzte wandte sich um Hilfe an den Verband der Ärzte Deutschlands zwecks Stellenvermittlung, die Handel- und Gewerbetreibenden an große

Fachverbände. Jedoch führte solches Vorgehen nur selten zu größeren Erfolgen.

Einen noch erweiterten Aufgabenkreis hat sich die Vereinigung der Handel- und Gewerbetreibenden und der freien Berufe in Württemberg gezogen. Sie zählte am 1. September 1920 etwa 150 Mitglieder und sucht diese in geschäftliche Beziehung zueinander zu bringen.

Das Schwergewicht liegt, wie betont, bei allen diesen auf der gleichen Berufsbasis aufgebauten Vereinigungen im Kampf um die Wiedererlangung oder Entschädigung verlorener Güter, Rechte und Interessen.

b) SIEDELUNGSUNTERNEHMUNGEN.

Im Gegensatz hierzu erfolgten zur selben Zeit Zusammenschlüsse unter den Vertriebenen, deren Ziel es war, durch Zusammenfassung gleich gerichteter Kräfte ohne Unterschied des Berufes den Neuaufbau der Existenz zu ermöglichen. Hier waren nicht Beruf und Gleichartigkeit der Verluste bestimmend, sondern nur das gleiche Wollen für die Zukunft.

Neben dem Mangel an Arbeits- und Erwerbsmöglichkeit litten die Flüchtlinge vor allem unter der Wohnungsnot. Schon im März 1919 fanden sich in Freiburg einige Flüchtlinge zusammen, die durch die Landesgruppe Baden des Hilfsbundes an alle vertriebenen Elsaß-Lothringer einen Aufruf zum Zusammenschluß zwecks Gründung einer neuen Heimstätte im Reich ergehen ließen. Die Hoffnung, ein neues Heim, womöglich durch ländliche Ansiedelung einen neuen Wirkungskreis zu finden, führte Angehörige der verschiedensten Berufe zusammen. Am 21. Mai 1919 wurde in Freiburg eine gemeinnützige Siedelungsgenossenschaft vertriebener Elsaß-Lothringer gegründet (80 Mitglieder).

Kurze Zeit danach schlossn sich vertriebene Elsaß-Lothringer in Frankfurt a. M. zu einer Siedelungsgenossenschaft zusammen.

In verschiedenen Ortsgruppen des Hilfsbundes waren Bestrebungeen zur Gründung von Siedelungsgenossenschaften im Gange. Aber die ungeheuren, geradezu unüberwindlichen Schwierigkeiten der Teuerung, die sich der Durchführung von Siedelungsprojekten in den Weg stellten, hemmten ein weiteres Wachsen dieser Bewegung. Erst im Sommer 1920 erfolgten neue Vereinigungen von Flüchtlingen zu Siedelungszwecken, und zwar nach dem Vorbild der Siedelungsunternehmung des Hauptmann Schmude, die wir im zweiten Teil erwähnten. Unter Führung der Ortsgruppe des Hilfsbundes in Wetzlar wurde dort ein Eigenhandbauverein „Neu-Lothringen" gegründet, dem Ende Juli 1920 etwa 70 Mitglieder angehörten, wovon etwa die Hälfte elsaß-lothringische Flüchtlinge sind. Zu gleicher Zeit schlossen sich ebenfalls innerhalb der Ortsgruppe Wetzlar 15 Flüchtlinge zu einer Bauhütte „Burgsolms" zusammen, bei welcher ebenfalls der Gedanke der Siedelung mittels eigener Arbeit verwirklicht ist.

Diese Siedelungsbestrebungen, deren Wichtigkeit immer mehr erkannt wird, sind mit dem 21. Juni 1920 in einer Zentrale zusammengefaßt worden, in der an diesem Tage in Berlin errichteten gemeinnützigen Zentralsiedelungsgesellschaft für vertriebene Elsaß-Lothringer im Reich „Neue Heimat" G. m. b. H.

Wir wollen uns an dieser Stelle nur einen Überblick über alle im Dienste der vertriebenen Elsaß-Lothringer tätigen Organisationen und ihre Entstehungsart verschaffen, ohne auf ihre Ziele und die Durchführung ihrer Aufgaben näher einzugehen. Bei der nachfolgenden Besprechung aller bei der Hilfsaktion ergriffenen Maßnahmen werden wir erkennen, daß die verschiedenen Vereinigungen und Hilfsstellen sich mit ihrem Aufgabenkreis überkreuzten. Die Siedelungsfrage hat ihre Behandlung ebenso sehr im Hilfsbund, im Beirat, als auch in der Ministerialabteilung für Elsaß Lothringen gefunden. An dieser Stelle kommt es nur darauf an, alle selbständigen Hilfsunternehmungen kennen zu lernen.

c) EIN- UND VERKAUFSGESELLSCHAFT.

Als solche muß auch die am 1. September 1919 gegründete Ein- und Verkaufsgesellschaft G. m. b. H.

mit Sitz in Berlin erwähnt werden. Der Mangel, unter dem die Vertriebenen an allem Notwendigen litten, an Kleidung, Wäsche, Bettzeug, Hausrat und Werkzeug zur Ausführung jeglichen Berufes, brachte einige vertriebene elsaß-lothringische Kaufleute auf den Gedanken, zur Nutzbarmachung des zum Verkauf stehenden Heeresgutes für die Vertriebenen eine Ein- und Verkaufsgesellschaft zu gründen. Der Hilfsbund und die Ministerialabteilung gewährten ihre Unterstützung, und so konnte der Plan ausgeführt werden. Diese Gesellschaft, die als Privatgesellschaft nach rein kaufmännischen Gesichtspunkten geleitet wird, kann doch als eine gemeinnützige bezeichnet werden, da sie nur an Flüchtlinge aus Elsaß-Lothringen ihre Waren verkauft und dabei außer einer niedrigen Verzinsung ihres Kapitals auf jeden Gewinn verzichtet, ohne daß dies allerdings statutarisch festgelegt wäre.

Wenn von diesen Vereinigungen Genossenschaften und Gesellschaften als selbständigen Hilfsunternehmungen gesprochen wird, so soll damit nur ihre eigene juristische Persönlichkeit und ihre von den anderen Verbänden unabhängige Stellung hervorgehoben werden. Abgesehen vom Beamtenbund, stehen sie in mehr oder weniger enger Verbindung zu dem Hilfsbund. Die Berufsvereinigungen fühlen sich geradezu als Arbeitsgemeinschaften des Hilfsbundes, und die Siedelungsunternehmen sind sozusagen ausführende Organe des Hilfsbundes in einer Aufgabe, die dieser als eine der wichtigsten verfolgt. Die Zentralsiedelungsgesellschaft „Neue Heimat“ und die Ein- und Verkaufsgesellschaft haben ihre Büros in einem Gebäude mit dem Hilfsbund in Berlin. Bei der Gründung beider Unternehmungen ist der Hilfsbund stark beteiligt, und Vorstandsmitglieder des Hilfsbundes sind im Vorstand und Aufsichtsrat der beiden Gesellschaften vertreten. So ist der Unterschied zwischen diesen selbständigen Unternehmungen und den vom Hilfsbund sowie vom Roten Kreuz im Verfolg ihrer Ziele gegründeten besonderen Abteilungen zur Durchführung von Spezialaufgaben mehr ein formell rechtlicher als ein tatsächlicher, so daß diesen letzteren im Rahmen einer Schilderung aller im Dienste der Vertriebenen tätigen Organisationen ein besonderer Platz gebührt.

d) DARLEHENSKASSE.

Aus diesem Grunde sei die beim Hilfsbund errichtete Darlehenskasse für vertriebene Elsaß-Lothringer erwähnt, die im März 1919 ihre Tätigkeit aufnahm. Schon im Januar 1919 hatte der Freiburger Vertriebenen-Ausschuß die Gründung einer Darlehnsbank verlangt, um auf diesem Wege den Vertriebenen, die ihr Hab und Gut jenseits des Rheines hatten zurücklassen müssen, Kredit zu beschaffen. Die Darlehenskasse ist keine juristische Person, sondern dem Hilfsbund vollkommen angegliedert. Eine Kommission aus dem Kreise der Vertriebenen bearbeitet die Darlehensanträge, die Deutsche Bank und das Reichsfinanzministerium gewähren die Mittel, ein Verwaltungsrat, bestehend aus Vertretern des Finanzministeriums, der Abteilung Elsaß-Lothringen im Reichsministerium des Innern, der Deutschen Bank, des Hilfsbundes, sowie einzelnen Vertriebenen, beaufsichtigt die Tätigkeit.

e) ZENTRALFÜRSORGESTELLEN DES ROTEN KREUZES IN ESSEN UND MÜNSTER I. W. UND SEINE LANDESÜBERNAHMESTELLEN.

Wie die Darlehenskasse beim Hilfsbund, so nehmen in der Fürsorgetätigkeit des Roten Kreuzes die Landesübernahmestellen und die Zentralfürsorgestellen einen besonderen Platz ein. Ganz allgemein hat das Rote Kreuz vom Reich die Aufgabe übertragen bekommen, die Flüchtlinge aus Elsaß-Lothringen zu unterstützen. Mit Auszahlung von Unterstützungen war es nicht getan. Es mußte vor allem dafür gesorgt werden, die Flüchtlinge möglichst über das ganze Reich zu verteilen, und ferner mußte ihnen bei der Gründung einer neuen Existenz geholfen werden. Zu dem ersten Zweck richtete das Rote Kreuz Landesübernahmestellen in den verschiedenen größeren Bundesstaaten ein, die wir bereits beim Übernahmesystem streiften, und zur Lösung der zweiten Aufgabe errichtete das Rote Kreuz neben der Arbeitsvermittlung, die allen Fürsorgestellen zur Pflicht gemacht wurde, zwei Sammellager für Arbeiter, von wo aus diese an offene Arbeitsstellen weitergeleitet werden sollten, und zwar das eine durch Gründung der Zentralfürsorgestelle in Essen im Juni 1919, das andere durch Gründung der Zentralfürsorgestelle in Münster i. W. im August 1919.

f) MÖBELKOMMISSION.

Wenn wir in dieser Weise alle Stellen hervorheben, die in der Hilfstätigkeit für die vertriebenen Elsaß-Lothringer stark hervortreten, ohne daß wir auf die rechtlichen Verhältnisse, ob selbständig oder untergeordnet, ob staatliche oder private Organisationen, Rücksicht nehmen, müssen wir noch zwei Unterabteilungen der Ministerialabteilung für Elsaß-Lothringen im Reichsministerium des Innern anführen, und zwar die Möbelkommission in Kehl und die Ausschüsse zur Feststellung von Kriegsschäden, Liquidations- und Verdrängungsschäden der Vertriebenen.

Durch ein Abkommen mit Frankreich ist es der deutschen Regierung endlich im November 1919 gelungen, gegen Zahlung von 25 Millionen Franken (Goldwert) die Fahrnis der elsaß-lothringischen Deutschen von der im Friedensvertrag Frankreich vorbehaltenen Liquidation zu befreien. Durch eine gemischte Kommission — zwei Deutsche und zwei Franzosen — werden die Anträge auf Ausfuhr dieser persönlichen Habe der Deutschen, worunter Frankreich in erster Linie Wohnungseinrichtungen, Kleider, Wäsche, Schmuck und Briefschaften von Einzelpersonen versteht, bearbeitet. Nicht befreit von der Liquidation sind die zum Gebrauch in kaufmännischen, industriellen und landwirtschaftlichen Unternehmungen bestimmten Mobilien. Diese Kommission nahm nach Erledigung der Vorarbeiten Mitte Januar 1920 ihre Tätigkeit auf. Sie untersteht selbstverständlich nicht als Kommission als solche der Ministerialabteilung für Elsaß-Lothringen — wie aus ihrer Zusammensetzung aus Deutschen und Franzosen hervorgeht — sondern ist in ihren Funktionen selbständig, die Aufsicht von deutscher Seite übt jedoch die Ministerialabteilung aus, und die deutschen Beamten sind ihr unterstellt.

g) FESTSTELLUNGSAUSSCHÜSSE FÜR DIE ENTSCHÄDIGUNG DER VERTRIEBENEN.

Die Feststellungsausschüsse, ein Oberausschuß und 21 Feststellungsausschüsse, haben die Aufgabe, die Höhe der Schäden zu ermitteln, die Deutsche in Elsaß-Lothringen während des Krieges im Sinne des Kriegsschadengesetzes vom 3. Juli 1916, RGBl. Jahrg. 1916 S. 154 und durch die Liquidation ihrer Güter durch Frankreich auf Grund des Friedensvertrags, sowie durch ihre Verdrängung aus Elsaß-Lothringen erlitten haben. Auf Grund einer Verfügung des Reichsministers des Innern vom 30. September 1919 wurden zur Feststellung der Kriegsschäden der vertriebenen Elsaß-Lothringer ein Oberausschuß und acht Feststellungsausschüsse errichtet (Zentralbl. f. d. D. Reich Jahrg. 1919 S. 1159). Nach dem Erscheinen der Richtlinien für die Gewährung von Vorschüssen, Beihilfen und Unterstützungen für Schäden Deutscher in Elsaß-Lothringen aus Anlaß des Krieges oder ihrer Verdrängung vom 9. Januar 1920 (Zentralbl. f. d. D. Reich 1920 S. 52) wurde die Feststellung der Liquidations- und Verdrängungsschäden der vertriebenen Elsaß-Lothringer ebenfalls diesen Ausschüssen überwiesen. Auch für die Bemessung der zu gewährenden Vorentschädigung sind die Ausschüsse zuständig. Dieser erweiterte Aufgabenkreis konnte von den bestehenden acht Ausschüssen nicht mehr bewältigt werden, und so wurde ihre Zahl im Laufe des Frühjahrs 1920 auf 21 erhöht. Diese Feststellungsausschüsse sind Verwaltungsgerichte, gegen deren Entscheidung auch das Reich nur durch Reichskommissare auf dem Rechtsweg Einspruch erheben kann. Und zwar kann gegen einen Entscheid eines Feststellungsausschusses Berufung beim Oberausschuß, gegen den Entscheid des Oberausschusses beim Reichswirtschaftsgericht erhoben werden. Jedoch wird durch diese Feststellung der Verluste kein Rechtsanspruch auf Entschädigung geschaffen, sondern nur der Schaden gerichtlich anerkannt. Durch die Ministerialabteilung für Elsaß-Lothringen werden die Mittel zur eventuellen Zahlung von Vorentschädigungen an die Ausschüsse überwiesen. Verwaltungsmäßig unterstehen die Ausschüsse der Ministerialabteilung für Elsaß-Lothringen, d. h. dem Reichsminister des Innern. Die in den Feststellungsausschüssen tätigen Richter sind versetzbar.

Zur Vervollständigung der Übersicht über die gesamte private und staatliche Organisation, die im Dienste der vertriebenen Elsaß-Lothringer steht, müssen noch drei Einrichtungen erwähnt werden, die völlig außerhalb des bisher besprochenen Hilfssystems stehen. Es sind dies:

1) die Zentralstelle der Universität Straßburg in Freiburg;

2) die Reichseisenbahnzweigstelle in Karlsruhe;

3) die Postpersonalausgleichsstelle für Elsaß-Lothringer in Karlsruhe.

h) UNIVERSITÄTSZENTRALSTELLE STRASSBURG IN FREIBURG.

Hinsichtlich der Universitätszentralstelle Straßburg, die schon Anfang Dezember 1918 in Freiburg ihre Tätigkeit begann, ist man versucht, sie mit den auf beruflicher Grundlage entstandenen privaten Vereinigungen der Vertriebenen, wie z. B. Schutzverband der Handel- und Gewerbetreibenden, auf eine Stufe zu stellen. Doch diese Parallele zu ziehen, wäre falsch. Allerdings war eine der Hauptaufgaben der Universitätszentralstelle von Anfang an die Vertretung der Interessen der Dozenten und Beamten der Universität Straßburg. Durch Proteste bei der Waffenstillstandskommission hat sie versucht, eine weitere Ausweisung der Dozenten und Beamten der Universität Straßburg zu verhindern, in der Frage ihrer Wiederverwendung hat sie vermittelnd gewirkt. Aber gleichzeitig suchte sie vor allem in den ersten Monaten den aus Straßburg vertriebenen Studierenden durch Sammlung größerer Geldmittel das Studium an der Universität Freiburg zu ermöglichen. Schließlich erledigte sie gewissermaßen die Geschäfte der von einem Tag zum andern von den Franzosen sofort nach der Besetzung geschlossenen Universität Straßburg, indem sie sich u. a. in Verbindung mit der Ministerialabteilung für Elsaß-Lothringen für die Auslieferung der Personalpapiere der Dozenten, Beamten und Studenten der Universität Straßburg durch die Franzosen einsetzte, — bis heute ist dies Ziel in weitem Maße noch nicht erreicht — und soweit möglich über verloren gegangene Bescheinigungen Duplikate oder Ausweise über den Verlust ausstellt. Durch die Zusammenfassung solcher Aufgaben über das Gebiet einer einseitigen beruflichen Interessenvertretung hinaus erhält diese Hilfsstelle ein besonderes Gepräge.

i) REICHSEISENBAHNZWEIGSTELLE.

Vollkommen ist die Trennung zwischen allen genannten Hilfsorganisationen und der Reichseisenbahnzweigstelle, sowie der Postpersonalausgleichsstelle.

Reichseisenbahn- und Reichspostbeamte hatten ihre Basis nicht in Elsaß-Lothringen, wie es bei den elsaß-lothringischen Landesbeamten, Gemeindebeamten und Lehrern der Fall war. Für die letzteren mußte eine neue Zentrale im Reich geschaffen werden, als ihnen im Reichsland, in dem ihre Existenz wurzelte, entzogen war. Für das Weiterkommen der aus Elsaß-Lothringen ausgewiesenen und auswandernden Reichseisenbahn-, Reichspostbeamten waren die im Reiche bestehenden Zentralstellen der Reichseisenbahn und Reichspost verantwortlich.

Auf das gute Funktionieren des Verkehrs, der Eisenbahn und der Post, mußten die Franzosen gerade in den ersten Monaten der Besetzung Elsaß-Lothringens größten Wert legen. Dies äußerte sich darin, daß gegen Eisenbahn- und Postbeamte nicht in der rücksichtslosen Form vorgegangen wurde, wie gegen die Beamten anderer Verwaltungszweige. Dem geschickten Vorgehen der Generaldirektion der Eisenbahnen in Elsaß-Lothringen war es zu verdanken, daß die Überleitung der deutschen Eisenbahnbeamten bzw. -arbeiter nach Deutschland in geordneter

Weise erfolgen konnte. Sie richtete im Einvernehmen mit der Generaldirektion der Reichseisenbahnen in Berlin im Frühjahr 1919 die Reichseisenbahnzweigstelle in Karlsruhe ein, die mit dieser Überleitung der aus Elsaß-Lothringen verdrängten Beamten und Arbeiter der Reichseisenbahnen in neue Stellen beauftragt wurde. Die Generaldirektion in Straßburg erreichte bei den Franzosen, daß die Eisenbahnbeamte und -arbeiter — von Ausnahmen abgesehen — nicht von einem Tag zum andern ausgewiesen wurden, sondern ihre Übersiedelung nach dem rechtsrheinischen Deutschland in aller Ruhe bewerkstelligen konnten. Sie nahm selbst den Transport des Umzugsgutes in die Hand, nachdem sie für ihre Beamten und Arbeiter fast ausnahmslos die Erlaubnis zur Mitnahme ihrer Fahrnis von der französischen Regierung erwirkt hatte.

k) POSTPERSONALAUSGLEICHSTELLE.

Die Generalpostdirektion für Elsaß-Lothringen schlug den von der Generaldirektion erfolgreich beschrittenen Weg ebenfalls ein und konnte auch für ihre Beamten die gleichen Vorteile sichern. Sie errichtete die Postpersonalausgleichstelle für Elsaß-Lothringen in Karlsruhe und bewirkte durch diese Stelle die Überleitung der aus Elsaß-Lothringen verdrängten Beamten nach Postämtern im Innern Deutschlands.

Hiermit haben wir die Übersicht über alle wichtigsten im Dienste der vertriebenen Elsaß-Lothringer tätigen Organisationen zu Ende geführt. Ohne uns an bestimmte einheitliche Merkmale zu halten und so die verschiedenen Hilfsunternehmen in eine schematische Gliederung zu bringen, haben wir sie nur ihrer besonderen Zweckbestimmung entsprechend mit kurzem Hinweis auf die Bedingungen und Motive, aus denen sie erwachsen sind, nacheinander aufgeführt. Eine schematische Gliederung gewährt einen besseren Überblick. Deshalb sei nachfolgend eine solche Darstellung nach dem Gesichtspunkt des staatlichen und privaten Charakters der verschiedenen Hilfsorganisationen und ihrer Über-, Gleich-, Unterordnung zueinander gegeben:

(Diese Darstellung s. S. 100/101.)

Es ist unmöglich, in einem solchen Schema sämtliche Verbindungen und Beziehungen der einzelnen Stellen zueinander zu berücksichtigen. Es wurde bereits darauf hingewiesen, daß die Darlehnskasse des Hilfsbundes nicht diesem allein unterstellt ist, sondern in ihrer Tätigkeit von einem Verwaltungsrat beaufsichtigt wird, in dem u. a. das Reichsfinanzministerium und die Ministerialabteilung für Elsaß-Lothringen vertreten sind. Ebenso erfolgte die Gründung der Zentralsiedelungsgesellschaft „Neue Heimat" unter Beteiligung der Ministerialabteilung, des Roten Kreuzes und des Hilfsbundes, während die lokalen Siedelungsunternehmen in engster Fühlung mit den Ortsgruppen des Hilfsbundes stehen.

Die rein äußere Stellung der einzelnen staatlichen und privaten Organisationen zueinander dürfte durch die gegebene Zusammenstellung klar hervortreten.

Wir dürfen jedoch die enge Verknüpfung der einzelnen äußerlich nebeneinander auftretenden Stellen nicht vergessen, wenn nicht das falsche Bild einer Überorganisation entstehen soll. Die verschiedenen privaten Vereinigungen, Gesellschaften und Verbände erwecken den Eindruck starker Zersplitterung. Von einer solchen kann bei dem engen Zusammenarbeiten der verschiedenen Gruppen nicht die Rede sein. Im Mittelpunkt der Selbsthilfe der Vertriebenen steht der Hilfsbund, der am 1. März 1920 in 13 Landesgruppen und 180 Ortsgruppen 28590 Mitglieder in sich vereinigte. Da die meisten Familien nur durch ihren Familienvorstand im Hilfsbund vertreten sind, so erhellt aus dieser Zahl seiner Mitglieder die Tatsache, daß der Hilfsbund die Mehrzahl aller Vertriebenen zusammengefaßt hat. So ist er der berufene Vertreter der Interessen der Flüchtlinge und Mitarbeiter bei allen mit der elsaß-lothringischen Vertriebenenfürsorge beschäftigten Behörden und Organisationen. Bei der Besprechung der Entstehung der verschiedenen Hilfsunternehmen ist klar hervorgetreten, daß sie, den notwendigsten Bedürfnissen der Flüchtlinge Rechnung tragend, mehr zufällig als planmäßig entstanden sind. Durch die schon früh eingetretene

A. Staatliche Organe.

Reichsregierung.

Reichsverkehrsministerium. — **Reichseisenbahnzweigstelle in Karlsruhe.**

Reichsministerium des Innern. — **Abt. für Elsaß-Lothringen.**

Reichspostministerium. — **Postpersonalausgleichstelle in Karlsruhe.**

Reichszentralstelle für die Übernahme vertriebener Elsaß-Lothringer in Freiburg.
— **Fünf Übernahmestellen** in Breisach, Müllheim, Offenburg, Rastatt, Weil-Leopoldshöhe.

Reichskommissariat. Landesübernahmestelle in Frankfurt a. M.

Beirat im Reichsministerium des Innern, Abt. für Elsaß-Lothringen. (Von der Regierung berufene Interessenvertretung aus dem Kreise der Flüchtlinge.)

Zentralstelle für elsaß-lothringische Beamte, Zweigstelle in Lahr.

Ausschüsse zur Feststellung von Kriegs-, Liquidations-, Verdrängungsschäden vertriebener Elsaß-Lothringer (21 Ausschüsse, 1 Oberausschuß).

Französische Regierung.

Möbelkommission in Kehl.

B. Mit der Fürsorge für die vertriebenen Elsaß-Lothringer beauftragt:

Das Zentralkomitee des Roten Kreuzes in Berlin.

Landesübernahmestellen zur Weiterleitung der Vertriebenen in die einzelnen deutschen Länder.	**Landes- und Provinzialvereine** des Roten Kreuzes.	**Reichszentralstelle in Freiburg.** (Mit der Dauerfürsorge für die Vertriebenen in Baden beauftragt.)	**Arbeitsministerium in Württemberg.** Abt. für soziale Volkswohlfahrt. (Dauerfürsorge für die Vertriebenen in Württemberg.)	**Zentrale Fürsorgestellen** in Essen und Münster in Westfalen.
	Ortsausschüsse des Roten Kreuzes (für die Dauerfürsorge für die Flüchtlinge).	**Örtliche Fürsorgestellen in Baden.**	**Örtliche Fürsorgestellen in Württemberg.**	

C. Interessenvertretungen und Hilfsorganisationen privater Natur.

- **Hilfsbund für die Elsaß-Lothringer im Reich.** Hauptgeschäftsstelle in Berlin.
  - Landesgruppen
    - Ortsgruppen.
  - Darlehnskasse.
- **Schutzverbände und Berufsorganisationen vertriebener Elsaß-Lothringer.**
  - Beamtenbund.
  - Vereinigung der Zahnärzte.
  - Vereinigung der Zivilärzte.
  - Vereinigung der Rechtsanwälte.
  - Schutzverband der Eigentümer.
  - Vereinigung der Handel- u. Gewerbetreibenden.
- Zentrale gemeinnützige Siedelungsgesellschaft **„Neue Heimat“** für die vertriebenen Elsaß-Lothringer.
  - Lokale Siedelungsunternehmen verschiedener Ortsgruppen des Hilfsbundes.
  - Siedelungsgenossenschaften.
- **Ein- und Verkaufsgesellschaft.**

Universitätszentralstelle Straßburg in Freiburg.

Zusammenfassung der Vertriebenen im Hilfsbund, sowie die Übertragung der Dauerfürsorge auf das Rote Kreuz und die Schaffung der Ministerialabteilung für Elsaß-Lothringen im Reichsministerium des Innern wurden sie zum größten Teil in eine feste Beziehung zueinander gebracht. Nur wenige Stellen stehen völlig außerhalb der Gesamtorganisation, und diese ihren Spezialaufgaben entsprechend mit Recht. Ob freilich die gesamte Hilfsorganisation, so wie sie sich bis heute aus den Bedürfnissen der Vertriebenen entwickelt hat, die bestmögliche Form darstellt, oder ob nicht vielmehr die Reichsregierung schon in den ersten Monaten den Aufgabenkreis, der ihr durch die Einwanderung Tausender von Deutschen aus Elsaß-Lothringen erwuchs, übersehen und die Durchführung dieser Aufgaben sofort selbst in allen Punkten als leitende Zentrale in die Hand nehmen mußte: das wird sich bei der Besprechung dieser Aufgaben und ihrer bisherigen Lösung beantworten lassen. Bevor wir in diese Besprechung eintreten, müssen wir im Rahmen dieser Zusammenstellung aller im Dienste der vertriebenen Elsaß-Lothringer stehenden Organisationen noch ein besonderes Gebiet des Zusammenschlusses unter den Flüchtlingen berühren.

3. NICHTWIRTSCHAFTLICHE VEREINIGUNGEN DER VERTRIEBENEN.

Es handelt sich um die zu rein kulturpolitischen Zwecken von den Vertriebenen gegründeten Vereinigungen. Es scheint verfehlt, von ihnen als von „im Dienste der Vertriebenen aus Elsaß-Lothringen stehenden“ Vereinigungen zu sprechen. Und doch trifft dies in gewissem Sinne zu. Sie haben die hohe Aufgabe zu erfüllen, die Stellung der Flüchtlinge dem deutschen Volk gegenüber zu stärken, indem sie den Beweis erbringen, daß diese nicht nur als Fordernde, sondern auch als Gebende zu ihren deutschen Volksgenossen kommen. Ihr Ziel ist es, die nationalen Kräfte, die in den Flüchtlingen ruhen, freizulegen und das deutsche Volk zur Arbeit an den großen außenpolitischen Problemen zu ertüchtigen. Sie wollen die wahren

Verhältnisse Elsaß-Lothringens, wie sie geschichtlich geworden sind, klarlegen und Verständnis für die Lage des elsaß-lothringischen Volkes erwecken.

a) DAS WISSENSCHAFTLICHE INSTITUT FÜR ELSASS-LOTHRINGEN.

So wurde am 21. Juni 1920 in Cassel von Flüchtlingen unter Führung ehemaliger Straßburger Universitäts-Professoren ein wissenschaftliches Institut für Elsaß-Lothringen gegründet. Durch Errichtung einer Bibliothek soll die Vorbedingung zu weiterer Arbeit über alle Elsaß-Lothringen betreffenden Fragen geschaffen werden.

b) DIE ELSASS-LOTHRINGISCHEN STUDENTENBÜNDE.

Auf die gleiche Linie sind die elsaß-lothringischen Studentenbünde zu stellen, die sich im Laufe des letzten Jahres an verschiedenen Hochschulen gebildet haben. Am 10. August 1920 schlossen sich diese Bünde — damals acht an der Zahl — zu einem Verband elsaß-lothringischer Studentenbünde zusammen. Durch Veranstaltungen aller Art, Vorträge über elsässische Kunst, Literatur und Geschichte, durch Aufführungen im elsässischen Dialekt wollen die in diesem Verband vereinigten Studenten die Kenntnis von der deutschen Sprache und Kultur der uns entrissenen Reichslande verbreiten. Daneben tritt in diesem Zusammenschluß der Gedanke der durch den gemeinsamen Verlust der Heimat erwachsenden Gemeinschaft hervor. Zersprengt über ganz Deutschland suchen die Flüchtlinge die alten Verbindungen neu zu knüpfen.

c) DER HILFSBUND FÜR DIE ELSASS-LOTHRINGER IM REICH.

Auch der Hilfsbund für die vertriebenen Elsaß-Lothringer im Reich verfolgt diese kulturellen Ziele. Die Erinnerung an die verlorene Heimat wird in seinen Ortsgruppen gepflegt. Heute liegt allerdings seine wichtigste Arbeit noch auf wirtschaftlichem Gebiet. Sind jedoch diese wirtschaftlichen Fragen zur Lösung gekommen, dann wird auch der Hilfsbund seine Tätigkeit völlig auf das kulturelle Gebiet überleiten.

Aus der Betrachtung und Zusammenstellung der im Dienste der vertriebenen Elsaß-Lothringer tätigen Organisationen ergibt sich schon ein Bild von den Aufgaben, die sie zu erfüllen haben. Wir haben diese Schilderung der einzelnen Organe an den Anfang gestellt, um nicht bei der Besprechung ihrer Aufgaben ständig auf Organisationsfragen eingehen zu müssen. Vieles kann nun als bekannt behandelt werden, und wir werden im folgenden das Schwergewicht vollkommen auf die Darstellung der Richtung legen, welche die Tätigkeit der privaten und staatlichen Hilfsstellen der Notlage der Vertriebenen entsprechend einschlagen mußte, wie und in welchem Umfange sie sich vollzog, und wie sie zu beurteilen ist.

B. DIE AUFGABEN DER VERTRIEBENENHILFE UND IHRE DURCHFÜHRUNG.

1. MASSNAHMEN ZUR ELEMENTAREN BEFRIEDIGUNG DER FLÜCHTLINGSNOT.

Wir greifen wieder zurück auf die Lage, wie sie in den ersten Tagen des Dezember 1918 infolge der zahlreichen Ausweisungen Deutscher aus Elsaß-Lothringen für Deutschland geschaffen wurde, und wir behandeln die Schwierigkeiten, die sich der Aufnahme dieser Flüchtlinge in den Weg stellten, und die Maßnahmen, die zu ihrer Überwindung ergriffen wurden, ihrer zeitlichen Folge entsprechend.

Die Flüchtlinge kamen — von Ausnahmen abgesehen — mit einigen hundert Mark und 20—50 kg Gepäck diesseits des Rheins an. Ihr übriges Hab und Gut hatten sie zurücklassen müssen. Anfangs meist höhere Beamte, die durch Bekannte ein Unterkommen fanden, kamen bald Angehörige aller Berufe und Stände, die nicht wußten, wohin sie sich auch nur für die nächste Zukunft wenden sollten. Die unsicheren politischen Verhältnisse und die schlechten Verkehrsbedingungen verhinderten viele an einer Übersiedelung ins Innere Deutschlands. Ein großer Teil der Vertriebenen wollte in der Nähe seiner bisherigen Heimat bleiben, die Hoffnung nicht aufgebend, eines Tages wieder dorthin zurückkehren zu können. Andere wiederum hatten den Wunsch, trotzdem sie der Abstammung nach Norddeutsche waren, sich in Süddeutschland niederzulassen, nachdem sie sich in vieljährigem Aufenthalt in Elsaß-Lothringen dem süddeutschen Wesen angepaßt hatten. Die Hotels in den badischen Städten bis herunter zu den kleinsten Gasthöfen auf dem Lande, füllten sich mit Flüchtlingen, das badische Rote Kreuz, in erster Linie die badische Gefangenenfürsorge, nahm sich der Mittellosen an.

a) DIE VORÜBERGEHENDE FÜRSORGE: DIE ÜBERNAHME DER VERTRIEBENEN, IHRE WEITERLEITUNG UND VERTEILUNG AUF DIE VERSCHIEDENEN DEUTSCHEN LÄNDER.

Der Strom der Flüchtlinge schwoll von Tag zu Tag an, und die Stauung in Baden mußte gefährliche Folgen zeitigen, wenn nicht rasche Abhilfe geschah. Die Übernahme der Vertriebenen, vor allem in Kehl, war ebenso unzureichend wie die geringen Geldmittel, die Baden für diese Zwecke vom Reich erhalten hatte. Eine einheitlich geregelte staatliche Übernahme der Flüchtlinge war unumgängliche Notwendigkeit, um die Weiterleitung der Flüchtlinge ins Innere Deutschlands mit möglichster Verteilung auf ganz Deutschland durchführen zu können. Im Januar 1919 erfolgte, wie wir bereits sahen, die Einrichtung der Reichszentralstelle für die Übernahme der vertriebenen Elsaß-Lothringer in Freiburg mit fünf Übernahmestellen an den Rheinbrücken. Ende Januar war diese Übernahme im Gang, und durch Landesübernahmestellen, vom Roten Kreuz in den größeren Bundesstaaten errichtet, wurde das Übernahmesystem entsprechend ausgebaut. Für die Weiterleitung der Flüchtlinge mußten bestimmte Richtlinien befolgt werden. Schematisches Vorgehen war nicht möglich, man mußte den einzelnen Flüchtling, wenn er ein bestimmtes Ziel hatte, dorthin reisen lassen, da anzunehmen war, daß er dort am ehesten ein Unterkommen finden würde, und von diesem Gesichtspunkt, die Flüchtlinge dahin zu verbringen, wo sie Wohnung und Arbeit finden würden, mußte die Weiterleitung selbstverständlich ausgehen. Daneben galt es, Stauungen in einzelnen Bezirken zu verhindern. Für Flüchtlinge, die kein festes Ziel von sich aus hatten, wurde der Grundsatz aufgestellt, sie ihren Bundesstaaten zuzuführen. Gleichzeitig konnte bei der Übernahme wenigstens dafür gesorgt werden, daß allen in Notlage befindlichen Flüchtlingen sofort mit dem Allernötigsten geholfen wurde.

Wir haben bereits auf die verschiedenen Gründe hingewiesen, durch welche viele Vertriebene zur Niederlassung in Baden veranlaßt wurden. In den ersten Monaten nach dem Waffenstillstand verschlossen viele badischen Gemeinden in rücksichtsloser Weise den Flüchtlingen ihre Tore, wobei zwar nicht vergessen werden soll, daß sie unter einer großen Wohnungsnot litten, oft jedoch aus Furcht vor Lasten, die ihnen durch diese Vertriebenen entstehen könnten, zu solcher Handlungsweise veranlaßt wurden. Die Möglichkeit solchen Vorgehens leiteten sie aus der Verordnung über „Maßnahmen zur Beschränkung des Fremdenverkehrs“ vom 13. April 1918 (RGBl. 1918 S. 1143) ab. Die volle Freizügigkeit wurde jedoch den elsaß-lothringischen Vertriebenen durch die Verordnung betr. „Zuzug ortsfremder Personen und von Flüchtlingen“ vom 23. Juli 1919 (RGBl. 1919 S. 1353) gewährt. Aber auch diese Bestimmung konnte nicht verhindern, daß bis zum heutigen Tage einzelne Gemeinden den Flüchtlingen solche Schwierigkeiten bereiten, daß diese Freizügigkeit illusorisch wird. Trotz dieser Hemmungen, die allerdings nicht nur in Baden, sondern in gleicher Weise auch in anderen deutschen Ländern den Flüchtlingen bis zum heutigen Tage bereitet werden, prägen sich die Motive, die einen großen Teil der Vertriebenen aus Elsaß-Lothringen veranlaßte, in Baden oder sonst in Süddeutschland seinen dauernden Aufenthalt zu nehmen, sehr klar aus. Wäre die Übernahme der Vertriebenen und ihre Weiterleitung vollkommen schematisch nach dem Gesichtspunkt der Staatszugehörigkeit durchgeführt worden, so müßte heute die Verteilung der Vertriebenen auf die verschiedenen deutschen Länder den Staatsangehörigkeitsziffern entsprechen, die wir in einer Statistik über die in Elsaß-Lothringen gezählten Staatsangehörigen der übrigen deutschen Bundesstaaten aus dem Jahre 1910 finden. Nach dieser Statistik waren im Jahre 1910 in Elsaß-Lothringen Staatsangehörige der deutschen Bundesstaaten ortsanwesend:

Preußen	174 468
Bayern	42 013
Sachsen	8 524
Württemberg	16 702
Baden	39 495
Hessen	4 742
Übriges Deutschland	9 492
Summa	295 436

Daß dieses Verhältnis der Staatsangehörigen der Altdeutschen in Elsaß-Lothringen vor dem Kriege unter den vertriebenen Elsaß-Lothringern ein entsprechendes sein dürfte, liegt auf der Hand. Man könnte vielleicht annehmen, daß die Spannung, die zwischen gewissen Kreisen der einheimischen Bevölkerung Elsaß-Lothringens und den Norddeutschen bestand, eine größere war, als zwischen den Einheimischen und den dem elsaß-lothringischen Wesen viel näher stehenden Süddeutschen, und daß infolgedessen eine erhöhte Ausweisung von Norddeutschen erfolgt wäre. Aber die Franzosen zum mindesten kümmerten solche Unterschiede bei ihrer Bekämpfung alles deutschen Einflusses nicht. Es zeigt sich dies deutlich in einer Staatsangehörigkeitsstatistik, welche die Reichszentralstelle in Freiburg seit Juni 1919 über die Vertriebenen geführt hat. In dieser Statistik sind bis August 1920 63 328 Vertriebene erfaßt worden. Von diesen haben die Staatsangehörigkeit des Bundesstaates:

Preußen	36 219
Bayern	8 995
Sachsen	2 133
Württemberg	3 559
Baden	8 068
Hessen	1 459
Elsaß-Lothringen	1 779
	62 212
Übriges Deutschland	1 116
Summa	63 328

Eine Statistik über die heutige Verteilung der vertriebenen Elsaß-Lothringer auf die einzelnen deutschen Länder gibt es natürlich nicht. Aber aus den Mitgliederzahlen der einzelnen Landesgruppen des Hilfsbundes für die Elsaß-Lothringer im Reich ergibt sich hierfür ein wichtiger Anhaltspunkt: von den am 1. März 1920 im Hilfsbund vereinigten 28590 Vertriebenen gehören an:

der	Landesgruppe	Preußen Mitte	2 297
"	"	" Ost	1 268
"	"	" Nord-West	861
"	"	Rheinland	1 703
"	"	Westfalen	1 573
"	"	rhein.-westf. Industriegebiet	1 100
"	"	Thüringen	2 205
"	"	Sachsen-Anhalt	1 020
"	"	Sachsen	673
"	"	Groß-Hessen	2 500
"	"	Bayern	1 697
"	"	Württemberg	3 340
"	"	Baden	8 353
		Summa	28 590

Faßt man die preußischen Landesgruppen zusammen, so ergibt sich für das gesamte Norddeutschland eine Zahl von 8822 Vertriebenen. Das heißt: alle norddeutschen Landesgruppen des Hilfsbundes vereinigen kaum mehr Flüchtlinge in sich, als die Landesgruppe Baden allein. Aus dieser Tatsache das Urteil abzuleiten, es seien ebenso viele elsaß-lothringische Flüchtlinge in Baden ansässig geworden wie im gesamten Norddeutschland, wäre trotzdem falsch. Sicherlich ist es den einzelnen Landesgruppen in verschiedenem Maße gelungen, die Flüchtlinge in ihren Kreis hereinzuziehen. Es muß betont werden, daß die Landesgruppe Baden in jeder Beziehung Vorbildliches geleistet hat. Erleichtert wurde ihre Tätigkeit gerade durch die große Zahl der in Baden sich für die Dauer niederlassenden Flüchtlinge. Und wenn wir auch aus den Mitgliederzahlen der Landesgruppen kein völlig genaues Bild von der Verteilung der Vertriebenen auf die verschiedenen deutschen Länder erhalten, eine Gegenüberstellung dieser

Mitgliedszahlen und der Staatsangehörigkeitsziffern genügt als Beleg für die Behauptung, daß sich ein großer Teil der aus Norddeutschland gebürtigen oder stammenden Flüchtlinge in Baden und den anderen süddeutschen sowie den mitteldeutschen Staaten eine neue Heimat und Existenz sucht. Dieses ist ihnen durch den Grundsatz, der bei ihrer Aufnahme und Weiterleitung befolgt wurde, ermöglicht worden. Man konnte den vielen Tausenden von Flüchtlingen weder Wohnung noch Arbeit anweisen. Hätte diese Möglichkeit bestanden, so wäre ein gewisser Zwang bei der Weiterleitung der Vertriebenen in ihre Heimatstaaten am Platze gewesen. Wohnung und Arbeitsmöglichkeit hätten außerdem auf die Flüchtlinge genügend Anziehungskraft ausgeübt, um den Zwang nur in geringem Maße in Erscheinung treten zu lassen. So aber mußte man hoffen, daß sie durch freie Entschließung am ehesten neue Existenzmöglichkeiten finden würden.

Für die Beamten war eine feste Bahn vorgezeichnet. Sie wandten sich an die Zentralstelle für elsaß-lothringische Beamte und Ruhegehaltsempfänger im Reichsministerium des Innern und erhielten von dort ihr Gehalt vorläufig weitergezahlt. Ihren Aufenthalt konnten auch sie sich nach ihrem Wunsch bis zur Wiederanstellung aussuchen, soweit die Wohnungsnot noch Wünsche zuließ.

Den Arbeitern und den Angehörigen der freien Berufe, sowie den Handel- und Gewerbetreibenden suchte man immerhin schon bei der Übernahme durch Arbeitsstellenvermittlung bei der Reichszentralstelle in Freiburg bei der Neugründung ihrer Existenz behilflich zu sein. Schon am 1. Februar 1919 begann bei der Reichszentralstelle die Amtsstelle „Arbeitsvermittlung" ihre Tätigkeit damit, daß sie sofort mit dem städtischen Arbeitsamt Freiburg, mit sämtlichen Arbeitsämtern Badens, Württembergs, Bayerns, mit dem Deutschen Technikerverband, verschiedenen kaufmännischen Vereinen, sowie Handwerkskammern in Verbindung trat. Vertriebene aller Berufe nahmen diese Arbeitsvermittlung in Anspruch. Am 6. Februar 1919 richtete die Reichszentralstelle an die Ministerien der größeren Bundesstaaten ein Rundschreiben mit der Bitte um Unterstützung der Arbeitsvermittlung für die vertriebenen Elsaß-Lothringer durch Anweisung an die Arbeitsämter, ihre Listen der offenen Stellen regelmäßig der Reichszentralstelle zugehen zu lassen. Sämtliche Zentralarbeitsnachweisstellen sandten von da an das erforderliche Material regelmäßig zu.

Aber auf diese Weise einen Arbeitsnachweis zu schaffen, durch welchen jedem Flüchtling, oder doch der Mehrzahl von ihnen, bei seiner Übernahme diesseits des Rheins sofort eine neue Existenz hätte nachgewiesen werden können, war unmöglich. Erstens waren alle diese Arbeitsämter, mit denen sich die Reichszentralstelle in Verbindung setzte, gerade in jener Zeit mit den schwierigsten Aufgaben belastet. Es galt, alle durch die Demobilmachung frei werdenden Arbeitskräfte während der gleichzeitigen Umstellung der Kriegsindustrie auf die Friedenswirtschaft unterzubringen. So war von dieser Seite kein rascher ausreichender Arbeitsnachweis zu erwarten. Zweitens war mit der Vermittlung von Arbeit die Existenz des Flüchtlings nicht neu gegründet. Wenn er mit seiner Familie an den Ort, wo ihm Arbeit nachgewiesen war, kam, fand er dort keine Wohnung und konnte infolgedessen die Arbeit nicht annehmen.

Vor allem aber war es ganz unmöglich, daß an Tagen, an denen Hunderte von Vertriebenen bei den Übernahmestellen eintraten, sofort passende Arbeit für alle nachgewiesen werden konnte. Im Laufe von Wochen wäre dies vielleicht möglich gewesen, aber die Übernahmestellen waren nur darauf eingerichtet, einige Hundert Flüchtlinge vorübergehend unterzubringen, sie mit dem Allernotwendigsten zu versehen und sofort weiterzuleiten, um Platz für neueintreffende Flüchtlinge zu schaffen.

Zu einer zentralen Arbeitsnachweisstelle für alle Flüchtlinge hätte ein großes Sammellager gehört, in dem alle Vertriebenen, die nicht in der Lage waren, sich selbst Wohnung und Arbeit zu verschaffen, so lange ein Unterkommen gefunden hätten, bis ihnen Wohnungs- und Erwerbsmöglichkeiten nachgewiesen worden wären.

Auf diese Weise wäre eine Weiterleitung möglich gewesen, die eine Verteilung der Flüchtlinge auf ihre Heimatstaaten berücksichtigen konnte, da in diesem Falle die nötige Zeit zu Gebote stand, um in diesen Staaten für Unterkommen zu sorgen.

Noch wichtiger wäre bei solchem Vorgehen gewesen, daß man bei der Übernahme der Vertriebenen Einfluß darauf hätte nehmen können, ihre Arbeitskraft in möglichst großem Umfang den Gebieten unserer Wirtschaft zuzuführen, die einer Vermehrung der Arbeitskräfte bedürfen. Alle mit der Landwirtschaft einigermaßen vertrauten Elemente mußte man zusammenziehen und ihnen Gelegenheit zur Ansiedelung auf dem Lande geben. Alle Kohlenbergleute, die Bergleute überhaupt, mußte man in gleicher Weise sammeln und unsern Rohstoffgebieten zuführen. Pensionierte Beamte und kleine Rentner mußte man auf die Notlage in den Städten aufmerksam machen und sie in die Lage versetzen, sich in Landgemeinden, in halbländlichen Gemeinden anzusiedeln. Beratungsstellen für den nötigen Berufswechsel einzelner Berufsarten mußten eingerichtet werden und Mittel und Wege gefunden werden, die Beamten, die in so besonders großer Zahl unter den elsaß-lothringischen Vertriebenen enthalten sind, dazu zu bewegen — unter der Bedingung, daß sie landwirtschaftlich vorgebildet waren — sich ihren Gehaltsanspruch vom Staat kapitalisieren zu lassen und sich an elsaß-lothringischen Siedelungen zu beteiligen.

Hätte man in dieser Art den Flüchtlingen bei der Schaffung einer neuen Existenz mit Rat und Tat geholfen, sie hätten sich nicht lange besonnen, ob sie auf anderem Wege Besseres erreichen könnten. Viele hätten die entgegengestreckte Hand ergriffen und wären bei der Umstellung unserer nationalen Arbeitskräfte in der für uns so dringend nötigen Richtung zu Vorkämpfern geworden.

Die Reichsregierung mußte sich darüber klar sein, daß ein großer Teil der Flüchtlinge ohne staatliche Hilfe eine neue Existenz nicht würde gründen können, sie mußte voraussehen, daß Frankreich alle Entschädigung der ihres Eigentums Beraubten Deutschland überlassen würde, und mußte ohne Zögern diese Entschädigung in der für Deutschland notwendigen und somit auch für den Einzelnen zweckmäßigen Weise durchführen. Vielleicht hätte sich nicht sofort feststellen lassen, welchen Verlust an Hab und Gut der einzelne Vertriebene erlitten hatte, so konnte unter Umständen der Fall eintreten, daß dem Einzelnen beim Wiederaufbau seiner Existenz, z. B. als Siedler, mehr an Werten vom Reich gegeben worden wäre, als er hätte beanspruchen können. Auch dies wäre nicht schlimm gewesen, wenn es dadurch gelungen wäre, diese völlig entwurzelten Menschen fest in unsere Wirtschaft einzugliedern, und zwar an einer Stelle, wo ihre Arbeitskraft eine Kräftigung unseres Wirtschaftskörpers bedeutet hätte.

Wir haben zwar im zweiten Teil unserer Betrachtung nachgewiesen, daß nur ein kleiner Teil der vertriebenen Elsaß-Lothringer diesen für unsere heutigen wirtschaftlichen Verhältnisse in erster Linie wichtigen Berufen angehört. Aber gerade bei den Flüchtlingen wäre ein Berufswechsel in großem Umfang, wie wir ihn heute in unserem Volk erstreben müssen, leichter durchführbar gewesen.

Ein großer Teil, vor allem unter den Beamten und freien Berufen sowie den Handel- und Gewerbetreibenden, hätte diesen Berufswechsel nicht vollziehen können. Für diese mußte unverzüglich dadurch gesorgt werden, daß ihnen ihre Verluste, die sie bei ihrer Vertreibung von Heim und Arbeitsstätte erlitten hatten, sofort ersetzt wurden, damit sie sich möglichst aus eigener Kraft eine neue Existenz begründen konnten, während die Beamten so rasch als möglich wieder angestellt werden mußten. Doch auf diese Fragen werden wir später noch genauer eingehen.

Hinsichtlich der Übernahme der Vertriebenen stellen wir fest, daß sie nicht nach großen volkswirtschaftlichen Gesichtspunkten durchgeführt worden ist. Einige Ansätze hierzu müssen hervorgehoben werden.

In einem Bericht der amtlichen Mitteilungen der Reichszentralstelle heißt es:

„Im August 1919 wurde der Versuch gemacht, von der Reichsübernahmestelle Offenburg aus, die Kohlenbergleute direkt zu den Kohlenzechen zu leiten. Er mißlang, weil die Aufenthaltszeit in Offenburg zu kurz ist, um ersprießlich wirken zu können, und weil die Ankommenden in ihrer seelischen Not meist zu einem raschen Entschluß nicht fähig sind. . . . Im rheinisch-westfälischen Industriebezirk ist die Arbeitsgelegenheit günstig. Sie wird sich in dem Maße steigern, wie die Kohlenförderung zunimmt. Um sie den Vertriebenen zugänglich zu machen, sind diese einem Sammellager zuzuführen. Das Sammellager ist in Essen einzurichten. . . . Die Verteilung aus dem Sammellager erfolgt entweder direkt an die Arbeitsstellen oder unter dem Gesichtspunkt der Niederlassungsmöglichkeit auf die einzelnen Fürsorgestellen in Dortmund, Münster, Paderborn usw."

Aus diesen Feststellungen der Reichszentralstelle geht hervor, daß man sehr wohl einsah, daß es mit der Übernahme der Flüchtlinge in der gehandhabten Weise nicht getan sei. Seit Herbst 1919 hat man mit der üblichen Weiterleitung, Fürsorge und Arbeitsvermittlung bei der Übernahme wenigstens in zwei Fällen gebrochen, indem durch das Rote Kreuz in den Zentralfürsorgestellen Essen und Münster i. W. Sammellager errichtet wurden, denen die vertriebenen Arbeiter und ihre Familien von den Übernahmestellen überwiesen wurden, und von wo aus die Flüchtlinge erst weitergeleitet wurden, wenn Arbeit und Wohnung für sie beschafft war. Nach einem Bericht der Zentralfürsorgestelle Essen haben das dortige Sammellager seit seinem Bestehen bis zum 1. Oktober 1920 zirka 3000 Arbeiter passiert, die Zahl ihrer Angehörigen beträgt 4—5000. Die Flüchtlinge hielten sich durchschnittlich zirka zwei Monate im Lager auf. Für 2200 Arbeiter konnte Arbeit beschafft werden. Zirka 1100 ledige Arbeiter und 20 Familien wurden in Wohnungen untergebracht.

Das Sammellager der Fürsorgestelle in Münster haben bis 1. Oktober 1920 ca. 1800 Arbeiter passiert mit ca. 5000 Angehörigen. Die Flüchtlinge hielten sich durchschnittlich 2—4 Wochen im Lager auf. Für 1043 ledige Arbeiter und für 150 Arbeiter mit Familie konnte Arbeit und

Wohnung beschafft werden. Davon wurden 142 ledige Personen und 15 Familien in der Landwirtschaft untergebracht.

Das bestehende System der Übernahme und Weiterleitung der Flüchtlinge im Großen durch Errichtung von Sammellagern auf eine neue Basis zu stellen, war die Reichszentralstelle nicht in der Lage. Aufgabe der Reichsregierung wäre es gewesen, das ganze Problem der Aufnahme der Elsaß-Lothringer in anderer Weise anzufassen. Man scheute wohl vor allem die großen Kosten. Man hoffte, daß sich die Vertriebenen selbst weiterhelfen würden. Und wo sich dies als unmöglich erweisen sollte, konnte man ja mit Unterstützungen im Einzelfall helfen. Wir werden sehen, daß diese Art des Vorgehens bei sicherlich gleichen Kosten eine Unmenge von Kräften in den Flüchtlingen lahmgelegt hat.

So hat die staatliche Übernahme der Flüchtlinge nur einer kurzen vorübergehenden Fürsorge für die Notleidenden und ihrer Weiterleitung gedient. Diese Tätigkeit ist heute auf ein Mindestmaß gesunken, wie sich aus der Tatsache ergibt, daß heute nur noch verhältnismäßig wenig Elsaß-Lothringer nach Deutschland einwandern. Auf dem ihr zugewiesenen Gebiet hat die Reichszentralstelle mit ihren Übernahmestellen eine sehr intensive Tätigkeit entwickelt. Abgesehen von der Ausfertigung von Flüchtlingsausweisen an alle Vertriebenen und deren Beratung konnte sie immerhin in einzelnen Fällen durch ihren Arbeitsnachweis Dienste leisten, vor allem aber hat sie eine große Zahl von kleinen Unterstützungen ausgezahlt. Seit ihrem Bestehen hat sie durch ihre Übernahmestellen bis Ende August 1920:

24 479 Unterstützungen im Gesamtwert von 832 039 M.

ausgezahlt. Durchschnittlich betrugen also die von ihr gezahlten Unterstützungen: 35 M. Der Charakter eines Zehrgeldes spricht aus der Höhe dieser Summe. Ein solches sollte es ja auch nur sein.

b) DIE DAUERFÜRSORGE FÜR NOTLEIDENDE FLÜCHTLINGE.

Mit der Fürsorge für die Flüchtlinge, die nicht sofort ein Unterkommen und Arbeitsmöglichkeit fanden, wurde am 1. Februar 1919 für das ganze Reichsgebiet das Rote Kreuz beauftragt. Seine Tätigkeit bildet die Fortsetzung der vorübergehenden Hilfeleistung der Reichsübernahmestellen.

In gewisser Beziehung liegt auch die Aufgabe des Roten Kreuzes auf dem Gebiet der Übernahme. Für die größeren Bundesstaaten richtete es die Landesübernahmestellen ein, von denen bereits die Rede war. Für Baden ist die Reichszentralstelle in Freiburg als Landesübernahmestelle tätig, in Württemberg liegt die Leitung der gesamten Fürsorge für die elsaß-lothringischen Flüchtlinge in der Hand des Arbeitsministeriums, Abteilung soziale Volkswohlfahrt (Kriegsfürsorge).

Bei diesen Landesübernahmestellen war nochmals Gelegenheit gegeben, durch Errichtung von Sammellagern mit zentralen Arbeitsnachweisstellen und Berufsberatungsstellen eine Beeinflussung der Flüchtlinge zum Berufswechsel durch gleichzeitige Schaffung von ländlichen und industriellen Siedelungen in weitem Umfang durchzuführen. Aber die Anlage und der Ausbau dieser Übernahmestellen entsprach keineswegs solchen Aufgaben, und es fehlten die nötigen Geldmittel. Auch die Landesübernahmestellen haben bis heute vor allem nach dem Grundsatz der möglichst raschen Weiterleitung der Vertriebenen gehandelt. Sie verkannten zwar nicht, daß es mit der bloßen Weiterleitung nicht getan sei, man war sich klar darüber, daß die wichtigste Aufgabe sei, den Flüchtlingen Heimstätte und Arbeit zu verschaffen, aber auch hier hoffte man, der Initiative des einzelnen alles überlassen zu können, und die Notwendigkeit, die Flüchtlinge, wenn irgend möglich, in produktive Berufe überzuleiten, fand keine Berücksichtigung.

Die Haupttätigkeit des Roten Kreuzes wurde von vornherein darin gesehen, den notleidenden Vertriebenen so lange durch Unterstützungen in Geld und Naturalien zu helfen, bis sie sich ein Unterkommen verschafft hätten. Diese Unterstützungen werden von den über das ganze Reich zerstreuten Ortsausschüssen des Roten Kreuzes ausgezahlt, zum Teil auch durch besondere Fürsorgestellen für die vertriebenen Elsaß-Lothringer, die vom Roten Kreuz oder von anderen mit der Flüchtlingsfürsorge durch das Rote Kreuz beauftragten Organisationen eingerichtet worden sind. Die Mitwirkung der Vertriebenen bei dieser Bewilligung von Unterstützungen ist von Anfang an gesichert worden. Prinzipiell mußte in der Frage der Unterstützung der erwerbs- und mittellosen Flüchtlinge zuerst dazu Stellung genommen werden, nach welchen Gesichtspunkten die Bedürftigkeit der vertriebenen Elsaß-Lothringer beurteilt werden sollte. Waren diese Flüchtlinge den Erwerbslosen gleichzustellen, wie sie durch die Reichsverordnung über Erwerbslosenfürsorge vom 12. November 1918 (RGBl. 1918 S. 1305) begrifflich festgelegt und zur Unterstützung durch ihre Wohnortsgemeinde als berechtigt bezeichnet worden sind, oder war ihre Lage eine so besonders geartete, daß eine Behandlung als Erwerbslose im Sinne dieser Reichsverordnung unmöglich war?

Die Verschiedenheit der Lage der Flüchtlinge und der Erwerbslosen lag so offensichtlich zutage, daß sie nicht verkannt werden konnte. Die Erwerbslosen, zum größten Teil aus dem Heer entlassene Soldaten, fanden keine Arbeitsmöglichkeit; die Flüchtlinge dagegen hatten Arbeit und Heimstätte verloren. Die Erwerbslosenfürsorge war nur auf bestimmte Berufe und Klassen zugeschnitten, auf die Arbeiter und Angestellten, nicht aber auf die Selbständigen aus freien Berufen, Handel und Industrie, denen ein hoher Prozentsatz der vertriebenen Elsaß-Lothringer angehört. So war es nur selbstverständlich, daß man für die Unterstützung der elsaß-lothringischen Flüchtlinge eine besondere Regelung traf.

Ob die Übertragung dieser Fürsorge auf das Rote Kreuz den richtigen Weg bedeutete, kann zweifelhaft erscheinen. Es war zu berücksichtigen, daß bei der großen

Zahl von Angehörigen gehobener Berufe und Stände unter den Vertriebenen ein besonders feines Empfinden in dieser Unterstützungsfrage vorausgesetzt werden mußte. Und wenn auch immer wieder betont wurde, daß die Fürsorge durch das Rote Kreuz keinen wohltätigen, keinen armenrechtlichen Charakter trage, diese Art der Unterstützung wirkte doch als Wohltätigkeit, weil eine Rechtsgrundlage fehlte, auf Grund deren die Vertriebenen die Unterstützung als ihr gutes Recht hätten verlangen können. Da das Deutsche Reich auch auf anderen Gebieten, wie wir noch sehen werden, Rechte und Forderungen der Flüchtlinge gegen das deutsche Volk nur nach schweren Kämpfen anerkannte, so wirkte diese Unterstützung des Roten Kreuzes erst recht wie ein „Almosengeben".

Sehr ungünstig wirkte zu Anfang der Umstand, daß bei den verschiedenen Fürsorgestellen im Reich keine einheitlichen Unterstützungssätze eingehalten wurden. So ging aus den Reihen der Vertriebenen selbst die Forderung hervor, man solle ihre Unterstützung unter Berücksichtigung ihrer besonderen Notlage den Grundsätzen über die Erwerbslosenfürsorge unterstellen. Der Freiburger Vertriebenen-Ausschuß erreichte durch Verhandlungen mit der Reichsregierung, daß durch die Verordnung betreffend Abänderung der Erwerbslosenfürsorge vom 14. März 1919 (RGBl. 1919 S. 303) die Fürsorge für die vertriebenen Elsaß-Lothringer auf die Basis der Erwerbslosenfürsorge gestellt wurde, indem das Reich die im allgemeinen bei der Erwerbslosenfürge von dem Gesamtbetrag der Unkosten auf die Gemeinden entfallenden $^{2}/_{12}$ selbst übernahm, so daß nun der Grund, der mit gegen die Behandlung der Vertriebenen als Erwerbslose gesprochen hatte, wegfiel. Die Gemeinden waren nun nicht mehr versucht, den Flüchtlingen den Aufenthalt aus Furcht vor Lasten, die ihnen durch sie erwachsen könnten, zu verweigern. Der besonderen Notlage der Vertriebenen wurde dadurch Rechnung getragen, daß das Rote Kreuz den Flüchtlingen Zusatzunterstützungen auszahlen sollte.

Die Schattenseiten dieser Regelung zeigten sich bald.

Die Flüchtlinge mußten nun vielfach an zwei Stellen ihre Unterstützungen erheben — die Erwerbslosenunterstützung bei den Gemeinden, die Zusatzunterstützung für Vertriebene beim Roten Kreuz — und wurden von den Arbeitsämtern in jeder Weise völlig als gewöhnliche Erwerbslose behandelt. Wie von den Erwerbslosen allgemein, so wurde auch von ihnen verlangt, sich fast täglich auf dem Arbeitsamt zu melden und sich darüber auszuweisen, warum sie noch keine Arbeit gefunden hatten.

Gegen diese Mißstände ging der Hilfsbund vor. Es wurde mit den zuständigen Stellen vereinbart, daß die Erwerbslosenfürsorge in Zukunft von den Fürsorgestellen des Roten Kreuzes oder den anderen mit der Fürsorge beauftragten Organisationen ausgezahlt werden sollte, und damit der Vorteil erreicht, daß die gesamte Fürsorge von diesem Zeitpunkt an von einer Stelle durchgeführt wird. In eingehenden Beratungen zwischen Regierung, Beirat, Rotem Kreuz und Hilfsbund wurden Richtlinien ausgearbeitet, nach denen die Fürsorge für die vertriebenen Elsaß-Lothringer im Reich einheitlich gehandhabt werden sollte. Diese Richtlinien wurden im Herbst 1919 allen Fürsorgestellen zur Beachtung übergeben und sind noch heute mit unwesentlichen Änderungen in Kraft. Wir betrachten in Kürze den Inhalt dieser Richtlinien.

In einem ersten Abschnitt sind Bestimmungen über den Kreis der zur Benützung der Fürsorge für die vertriebenen Elsaß-Lothringer berechtigten Personen enthalten. Der § 1 der Richtlinien besagt darüber:

„Fürsorgeberechtigt sind die aus Elsaß-Lothringen vertriebenen Deutschen; als Vertriebene gelten:

a) diejenigen Reichsdeutschen, die vor dem Kriege ihren Wohnsitz in Elsaß-Lothringen hatten und die nach Abschluß des Waffenstillstandes unter dem Zwange der Verhältnisse Elsaß-Lothringen verlassen mußten;

b) diejenigen Reichsdeutschen, die sich erst während des Krieges, aber zu dauerndem Aufenthalt in Elsaß-Lothringen niedergelassen haben;

c) diejenigen Reichsdeutschen, die seit dem Waffenstillstand durch die politischen Verhältnisse an der Rückkehr nach ihrem Wohnsitz in Elsaß-Lothringen verhindert sind.“

Der Kreis der Fürsorgeberechtigten ist also recht weit gezogen.

Ferner behandelt dieser erste Abschnitt die Ausstellung von Flüchtlingsausweisen.

In einem zweiten Abschnitt wird die Organisation der Fürsorge behandelt, und zwar in einem ersten Teil die Übernahme der Vertriebenen durch die Reichsübernahmestellen und die Weiterleitung der ziellosen Vertriebenen ihrer Staatsangehörigkeit entsprechend nach den Landesübernahmestellen. Hervorgehoben sei folgende Bestimmung des § 5:

„Vor der Weiterleitung der Vertriebenen aus der Landesübernahmestelle oder deren Zweigstellen oder den Zentralfürsorgestellen an den endgültigen Unterbringungsort ist tunlichst durch vorherige Anfrage die Aufnahme, die Verpflegung und Verdienstmöglichkeit sicherzustellen."

Auch hier finden wir also den Gedanken des Sammellagers mit Versorgung der notleidenden Flüchtlinge bis zur endgültigen Unterbringung verwirklicht. Aber diese „tunlichste vorherige Anfrage" konnte wenig helfen. Die Landesübernahmestellen waren ihrer Einrichtung entsprechend nicht in der Lage zu einer solchen Handhabung ihrer Aufgaben. Da ihnen Sammellager nicht zur Verfügung standen, waren sie gezwungen, die Flüchtlinge den lokalen Fürsorgestellen zu überweisen. Allerdings ergaben sich gerade in den Gemeinden, in denen sich Landesübernahmestellen oder auch Reichsübernahmestellen befinden, besonders schwierige Verhältnisse. Die ziellosen Flüchtlinge stemmten sich gegen die Weiterleitung, solange ihnen kein festes Unterkommen angewiesen war. So hat gerade Frankfurt, dessen Landesübernahmestelle sämtliche nach Norddeutschland geleiteten Flüchtlinge passieren mußten, mit größten Schwierigkeiten zu kämpfen gehabt.

Wir fahren in der Betrachtung der Fürsorgerichtlinien fort:

Nach einer kurzen Besprechung der „Fürsorge bei der Übernahme" wird in einem zweiten Teil des Abschnittes über die Organisation der Fürsorge die „Dauerfürsorge" behandelt. Der § 7 sagt darüber:

„Die Fürsorge hat grundsätzlich nicht den Charakter der Armenpflege.

a) Soweit die Voraussetzungen der Erwerbslosenfürsorge gegeben sind, besteht sie:

aa) in der Erwerbslosenfürsorge,

bb) im Falle weiterer Bedürftigkeit

in einem Zuschusse aus den dem Roten Kreuz zu Zwecken der Vertriebenenfürsorge zur Verfügung stehenden Geldmitteln.

b) Soweit die Voraussetzungen der Erwerbslosenfürsorge nicht gegeben sind, übernimmt die Fürsorgestelle die Fürsorge in gleicher Höhe wie im Falle a), jedoch unter Einrechnung der den Vertriebenen etwa zukommenden Renten aus Alters- usw. Versicherung. . .“

In diesem § 7 kommt klar zum Ausdruck, daß eine Gleichstellung der Vertriebenen mit den Erwerbslosen nicht angängig ist. Bei der Behandlung der einzelnen Fälle in der Fürsorge für die vertriebenen Elsaß-Lothringer müssen die jeweiligen Voraussetzungen geprüft werden. So wurde die Fürsorge zwar auf dem Schema der Erwerbslosenfürsorge aufgebaut, aber darüber ein Oberbau errichtet, durch welchen der besonderen Lage der Vertriebenen Rechnung getragen wird. Vor allem mußte berücksichtigt werden, daß die Flüchtlinge bei der Suche nach Arbeit viel größere Schwierigkeiten zu überwinden hatten, als die einheimischen Elemente. So wäre die Erwerbslosenfürsorge schon deshalb ungenügend gewesen, weil die auf ihr beruhende Unterstützung nur für eine beschränkte Zeitdauer gewährt werden kann. Zur Erleichterung der individuellen Behandlung der Unterstützungsbedürftigen bestimmt § 19, daß außer laufenden Unterstützungen auch einmalige gewährt werden können.

Die besondere Lage der hilfsbedürftigen Elsaß-Lothringer wird scharf hervorgehoben durch den § 8:

„Es wird von Fall zu Fall zu prüfen sein, ob es angebracht erscheint, bei der Unterstützungsgewährung, insbesondere in Hinblick auf Entschädigungsansprüche des Vertriebenen aus Kriegs-, Liquidations- und Verdrängungsschäden, eine Rückzahlungsverpflichtung festzusetzen. Geeignetenfalls ist die Aufnahme eines Darlehens zu vermitteln.“

Daß solchen Personen gegenüber, die nur durch Behinderung im Gebrauch ihres Eigentums durch das völkerrechtswidrige Vorgehen der Franzosen in Notlage waren, eine Behandlung als Erwerbslose unmöglich war, braucht nicht weiter unterstrichen zu werden. Wir werden in anderem Zusammenhang auf diese Rückzahlungsverpflichtung noch einmal zurückkommen.

Des weiteren sprechen die Richtlinien nach einem Kapitel über die Einrichtung der örtlichen Fürsorgestellen von dem Erlöschen der Fürsorge:

§ 11. „Die Fürsorge erlischt, wenn

1) der Vertriebene ein Einkommen hat, welches dem Werte der dem Vertriebenen zustehenden Fürsorge gleichkommt,

2) der Vertriebene groben Unterstützungsbetrug begeht,

3) der Vertriebene die Ausnützung einer sich bietenden Verdienstmöglichkeit ganz oder teilweise ohne triftigen Grund unterläßt,

4) der Vertriebene die Auskunft über seine Vermögenslage und Einkommensverhältnisse der Fürsorgestelle verweigert,

5) der Vertriebene Anordnungen der Fürsorgestelle nicht nachkommt."

Anschließend wird betont, daß eine Wiederaufnahme der Fürsorge nur eintreten kann, wenn die wirtschaftliche Lage des Vertriebenen sich infolge von Umständen, die mit seiner Verdrängung zusammenhängen, wieder besonders erschwert hat.

Aus dieser Zusammenstellung der Gründe für das Erlöschen der Fürsorge geht der Geist, der jede Unterstützungsaktion beherrschen muß, deutlich hervor, nämlich Hilfe nur so lange zu gewähren, als unbedingt notwendig, und die Unterstützungsaktion so auszubauen, daß ein Abbau der Hilfe möglichst rasch erreicht wird. Daß dieser Grundsatz wenigstens theoretisch die Hilfsorganisation für die vertriebenen Elsaß-Lothringer beherrscht, geht noch deutlicher aus dem dritten Abschnitt der Richtlinien hervor, welcher die Arbeitsvermittlung betrifft.

Der § 14 sagt:

„Die wichtigste Aufgabe der Fürsorge ist die Arbeitsvermittlung. Nur eine geeignete Erwerbstätigkeit vermag den Vertriebenen mit seinen schweren Leiden auszusöhnen und ihm die innere Befriedigung zurückzugeben. Der Vertriebene hat einen Anspruch, baldmöglichst aus der Fürsorge heraus in dauernd gesicherte Verhältnisse zu gelangen."

Es folgen Ratschläge, wie diese Arbeitsvermittlung am besten auszubauen ist.

Im übrigen enthalten die Richtlinien eine Regelung der Beteiligung der Flüchtlinge bei der Durchführung der Fürsorge, die Grundsätze für das Vorgehen in den einzelnen speziellen Fällen und Hinweise darauf, daß die Beamten und Ruhegehaltsempfänger nicht in den Rahmen dieser Fürsorge gehören, und wie für diese die Verhältnisse geregelt sind. Auf einige dieser Punkte werden wir in unserer späteren Betrachtung zu sprechen kommen. Hervorgehoben sei hier nur die Beteiligung der Flüchtlinge an der Ausübung der Fürsorge. Sie ist in den einzelnen Ländern verschieden. Aber überall sind in erster Linie die Ortsgruppen des Hilfsbundes zur Mitarbeit herangezogen, und in Fürsorgeausschüssen sind Flüchtlinge mit entscheidender Stimme vertreten. Wir sehen hier den guten Gedanken verwirklicht, die Flüchtlinge selbst über die Hilfsgesuche ihrer Leidensgenossen mitentscheiden zu lassen, weil sie allein deren Notlage richtig verstehen und würdigen können.

Für die Flüchtlinge selbst und für die deutsche Volkswirtschaft ist bei einer Beurteilung der Durchführung dieser Dauerfürsorge ausschlaggebend, ob sie nicht einseitig in der Richtung der Unterstützung ausgebaut ist, sondern noch vielmehr in der Richtung des Wiederaufbaues der zerstörten Existenzen. Ein solches Hilfsunternehmen muß vollkommen darauf eingestellt sein, sich so rasch als möglich überflüssig zu machen. Unterstützungen, die nur lebenerhaltend, nicht aber neuaufbauend wirken, sind eine unproduktive, dem Volksganzen schadende Ausgabe. In gleicher Weise wirken sie zerstörend auf die Unterstützten selbst. Sie werden mit der Zeit arbeitsscheu und verlieren das ethische Empfinden dafür, daß nur Nahrung aus eigenem Erwerb den Arbeitsfähigen ehrt. Wir haben im Hinblick auf den Nachdruck, den die Richtlinien für die elsaß-lothringische Flüchtlingsfürsorge auf die Arbeitsvermittlung legen, hervorgehoben, daß diese Fürsorge den Gedanken von produktiver Fürsorge einerseits und unproduktiver andererseits theoretisch klar ausführt. Daß es aber bis heute der Flüchtlingsfürsorge nicht gelungen ist, die Hilfsbedürftigen wieder zu selbständiger Existenz emporzuheben, erhellt aus der Tatsache, daß das Rote Kreuz noch heute monatlich mehrere Millionen zur Unterstützung der vertriebenen Elsaß-Lothringer benötigt.

Das Rote Kreuz hat als Beauftragter der Reichsregierung vom 1. Februar 1919 bis 30. September 1920 in der Fürsorge für die vertriebenen Elsaß-Lothringer die Summe von 106 250 000 M. ausgezahlt.

Vom Reichsfinanzministerium wurden dem Zentralkomitee des Roten Kreuzes zur Verwendung für die Fürsorge für die vertriebenen Elsaß-Lothringer überwiesen:

im Jahre 1919				
April	2 000 000 M.			
Mai	100 000 „			
Juni	200 000 „			
Juli	1 250 000 „			
August	1 000 000 „			
September	11 000 000 „	außerdem	200 000 M.	für Ankauf von Betten
Oktober	5 000 000 „			
November	5 000 000 „			
Dezember	6 000 000 „	„	10 000 000 „	für Ankauf von Wintersachen im Hausrat
im Jahre 1920				
Januar	5 000 000 „			
Februar	6 000 000 „			
März	6 000 000 „			
April	6 000 000 „	„	2 000 000 „	für Kleider u. Schuhe
Mai	6 000 000 „			
Juni	6 000 000 „	„	6 500 000 „	„ „ „ „
Juli	8 000 000 „	„	2 500 000 „	„ „ „ „
August	5 500 000 „			
September	5 000 000 „			
	85 050 000 M.		21 200 000 M.	
	21 200 000 M.			
	106 250 000 M.			

Aus den großen Unterschieden, die zwischen den Summen bestehen, die das Rote Kreuz in den einzelnen Monaten erhalten hat — so vor allem August/September/Oktober 1919 — geht hervor, daß das Rote Kreuz öfter Geld aus eigenen Mitteln vorgeschossen hat, die es dann nachträglich vom Reich anforderte. So können diese Zahlen nicht als Monatsverbrauch in der elsaß-lothringischen Vertriebenenfürsorge bezeichnet werden. Aber aus der Zusammenstellung geht das eine unbedingt hervor, daß es bis heute nicht gelungen ist, die Unterstützungen für die Flüchtlinge unnötig zu machen. Ein starker Abbau der Unterstützung ist zwar zu bemerken, denn angesichts der Tatsache, daß die Geldentwertung in unserem Lande seit 1919 in besonders hohem Maße fortgeschritten ist, müßte es schon als ein Symptom des Abbaues der Unterstützung bezeichnet werden, wenn die ausgegebenen Summen sich nicht mehr erhöhen, da die Sätze der Erwerbslosenfürsorge und der Zusatzunterstützung selbstverständlich eine gewisse Anpassung an die Geldentwertung erfahren mußten. Bedenkt man jedoch, daß sich die Zahl der Flüchtlinge seit Dezember 1919 nicht mehr wesentlich vermehrt hat — Ende 1919 waren es rund 100000, heute rund 111000 — so ist aus den Summen, die in den Monaten des Jahres 1920 bis Ende September verbraucht wurden, zu ersehen, daß der Abbau noch nicht in dem Umfange erfolgt ist, der zu wünschen wäre.

Belege hierfür finden sich auch in den Sammel-Ausgaben-Nachweisen der Landesvereine des Roten Kreuzes, die monatlich eine Zusammenstellung über die in ihrem Bezirk an vertriebene Elsaß-Lothringer ausgezahlten Unterstützungen anfertigen. So wurden vom Landesverein des Roten Kreuzes in Frankfurt a. M. an Unterstützungen für vertriebene Elsaß-Lothringer verauslagt:

	August 1919	Dezember 1919	Februar 1920	Mai 1920	August 1920
Zahl der Unterstützten:					
Erwachsene	5613	3296	1912	1269	819
Kinder	2657	1848	1447	1202	981
Laufende Unterstützungen	1 014 888	864 100	524 298	418 360	324 571 M.
Einmalige „	80 579	23 819	37 527	57 039	90 890 „
Krankenfürsorge	12 073	11 475	29 247	54 607	54 390 „
Möbelbeihilfe	—	25 981	20 198	40 765	3 250 „
An Unterstützungen auf den Kopf rund in Mark	133	179	181	231	262

Es seien nur diese Monate als Beispiele angeführt. Der Abbau der Unterstützungsaktion tritt deutlich hervor. Die andauernde Teuerung läßt sich in dem ständigen Steigen der auf den Kopf entfallenden Unterstützung erkennen. Zu der Rubrik Möbelbeihilfe wird später die Erklärung folgen.

Ein für den Abbau der Unterstützungsaktion noch ungünstigeres Bild ergibt sich aus den Sammel-Ausgaben-Nachweisen des Landesvereins des Roten Kreuzes Baden.

Während in Baden in den letzten Monaten des Jahres 1919 durchschnittlich 6000 Unterstützungen in Höhe von 1 000 000 M. ausgezahlt wurden, waren es im Jahre 1920 im Monat

April 3351 Unterstützte mit einer Gesamtsumme von 607 686 M.
Juli 2813 „ „ „ „ „ 557 134 „

In allen diesen Zusammenstellungen — auch in der Summe, die das Rote Kreuz im ganzen verausgabt hat — sind die Geldmittel, die den Vertriebenen als Erwerbslosenunterstützung ausgezahlt worden sind, nicht enthalten. Die als Erwerbslosenunterstützung gewährten Mittel werden von den einzelnen örtlichen Fürsorgestellen direkt mit den Gemeinden verrechnet, welche sie von Reich und Ländern zurückfordern. Aber die als laufende und einmalige Unterstützungen durch das Rote Kreuz zur Auszahlung gelangten Geldsummen übersteigen den als Erwerbslosenunterstützung ausbezahlten Betrag bei weitem, so daß die obigen Zusammenstellungen ein richtiges Bild von dem Umfang der Unterstützungsaktion in den einzelnen Monaten geben.

Es ist sicherlich zuzugeben, daß sich in diesen Zahlen eine Unterstützung der elsaß-lothringischen Flüchtlinge ausdrückt, die Anerkennung verdient. Aber diese Anerkennung kann nicht verhindern, nochmals festzustellen, daß das wichtigste Ziel, das jede Unterstützung erreichen muß, d. h. die Wiederaufrichtung der Existenz der ihr anvertrauten Notleidenden, durch die elsaß-lothringische Vertriebenenfürsorge bis heute nicht in genügendem Umfang erreicht worden ist.

Bei der ersten Aufnahme der Flüchtlinge diesseits des Rheins wurde versäumt, alle Flüchtlinge, die nicht in der Lage waren, sich selbständig durch Beziehungen aller Art sofort eine neue Existenz zu schaffen, zusammenzufassen und nach großen wirtschaftlichen Gesichtspunkten in unser Wirtschaftsleben einzugliedern. Man hoffte, daß sich die Mehrzahl der Vertriebenen durch eigene Kraft eine neue Lebensstellung schaffen würde, und nur für die Übergangszeit sollte ihnen durch Unterstützungen das Leben gefristet werden.

Einem großen Teil der Flüchtlinge war aber die Schaffung einer neuen Existenz nur möglich, wenn ihnen das Reich Arbeit und Wohnung verschaffte, sowie für sofortigen Ersatz ihres in Elsaß-Lothringen verlorenen Eigentums sorgte. In welcher Weise die Fürsorge für die vertriebenen Elsaß-Lothringer infolge dieser Umstände in hohem Maße unproduktiv geblieben ist, mit welchen Mitteln diese Unproduktivität und die damit verbundene Verminderung der Arbeitskraft und Arbeitslust unter den Flüchtlingen bekämpft worden ist, und was hierbei versäumt wurde, sollen die weiteren Ausführungen bringen.

2. FÜRSORGETÄTIGKEIT MIT WEITER GESTECKTEN PRODUKTIVEN ZIELEN.

a) ARBEITSVERMITTLUNG.

In eine Besprechung der Maßnahmen, die zur elementaren Befriedigung der Flüchtlingsnot ergriffen wurden, gehört die Arbeitsvermittlung nicht hinein. Diese Art der Fürsorge hat unbedingt produktiven Charakter. Trotzdem mußten wir bei Betrachtung der ersten Hilfe, die den Flüchtlingen bei ihrer Übernahme in Deutschland gewährt wurde, des Zusammenhangs wegen auf die Versuche hinweisen, die unternommen worden sind, um den Flüchtling durch Arbeitsvermittlung sofort auf eigene Füße zu stellen. Diese Versuche konnten infolge des ungenügenden Ausbaues des Übernahmesystems nur in beschränktem Umfang zum Ziele führen. Sehr Beachtliches ist, wie wir auf S. 113 dargelegt haben, auf dem Gebiet der Arbeitsvermittlung für Arbeiter durch die Zentralfürsorgestelle Essen und die Provinzialfürsorgestelle Münster i. W. geleistet worden. In der Hauptsache blieb jedoch die Arbeitsvermittlung den ausführenden Organen der Dauerfürsorge überlassen.

Wir haben bereits darauf hingewiesen, daß in den Fürsorgerichtlinien die Arbeitsbeschaffung für die Vertriebenen als die wichtigste Aufgabe der Dauerfürsorge bezeichnet wird.

Einzelne Fürsorgestellen haben auf diesem Gebiet mit gutem Erfolg gearbeitet.

So hat die Reichszentralstelle in Freiburg als zentrale Fürsorgestelle für Baden — vom Roten Kreuz mit der Dauerfürsorge in Baden beauftragt — einen mustergültigen Arbeitsnachweis eingerichtet. Ihre erfolgreiche Tätigkeit zeigt sich in folgender Aufstellung:

Allein in Freiburg wurden vom 1. Februar 1919 bis 31. März 1920

	angemeldet	Arbeit vermittelt
Berg- und Industriearbeiter	241	158
landwirtschaftliche Arbeiter	61	48
häusliche weibliche Dienstpersonen	128	87
kaufm. u. techn. Angestellte	468	145
verschiedene Berufe	347	147
	1245	585

Allen Fürsorgestellen bis herunter zu den Ortsausschüssen des Roten Kreuzes wurde der Arbeitsnachweis zur Pflicht gemacht, ebenso sollte überall bei den Wohnungsämtern für die Flüchtlinge eingetreten werden. Aber die Weise, wie die Reichszentralstelle mit ihrem großen Beamtenapparat vorgehen konnte, kam nur für wenige andere Stellen in Betracht. Im allgemeinen stellten die Fürsorgeausschüsse die Bedürftigkeit der bei ihnen um Hilfe bittenden Flüchtlinge fest und unterstützten sie dann, bis sie Arbeit und Wohnung von sich aus gefunden hatten.

Tätige Mitarbeit am Wiederaufbau der zerstörten Existenzen über Wohnungs- und Arbeitsvermittlung hinaus etwa in Form der Beteiligung an Siedelungsunternehmungen der Vertriebenen kam natürlich erst recht für kleinere Fürsorgestellen nicht in Frage. Wo dies in einzelnen Fällen geschah, handelt es sich um die größeren Fürsorgestellen, in erster Linie um die Landesübernahmestellen, bei denen sich die Flüchtlinge anstauten.

Sicherlich wäre die Vermittlung von Arbeit auch vielen kleineren Fürsorgestellen in größerem Umfang, als es bis heute geschehen ist, möglich gewesen, wenn der nötige gute Wille vorhanden gewesen wäre.

Aber auch der besteingerichtete Arbeitsnachweis kann den elsaß-lothringischen Flüchtlingen in vielen Fällen keine neue Existenz schaffen.

Rufen wir uns kurz ins Gedächtnis zurück, in welch trostloser Verfassung die Deutschen aus Elsaß-Lothringen diesseits des Rheins eintrafen. Sie besaßen gewissermaßen nur noch sich selbst, ihr eigenes nacktes Leben. All ihr Hab und Gut, Hausrat, Werkzeug und Vermögen jeder Art hatten sie zurücklassen müssen. Was konnte unter solchen Umständen der Nachweis einer Arbeitsstelle nützen. Vor allem die verheirateten Erwerbsfähigen befanden sich in trauriger Lage. Jedem Arbeiter fehlte der nötigste Hausrat, um eine kleine Wohnung beziehen zu können, dem Handwerker fehlte das Geld zur Beschaffung des nötigsten Handwerkszeuges, dem Kaufmann der Kredit zur Neubegründung eines Geschäftes, dem Industriellen die Mittel zur Beteiligung an einem Unternehmen, dem Landwirt zum Erwerb einer neuen Wirtschaftsheimstätte, dem Arzt zur Beschaffung der nötigen Instrumente und zur Einrichtung einer für ihn geeigneten Wohnung usw. Unterstützungen, als Existenzminimum berechnet, die kaum genügten, um das Leben zu fristen, konnten hier nichts nützen.

In welcher Weise diese Hemmungen beseitigt werden mußten, ergibt sich schon aus ihrer Aufzählung. Den Flüchtlingen mußte der verlorene Hausrat wieder beschafft oder ersetzt werden, es mußte ihnen ferner Ersatz gewährt werden für all ihre Verluste an Werkzeug im weitesten Sinne, an allem, was sie zur Ausübung ihres Berufes benötigten, und darüber hinaus Entschädigung für all ihr verlorenes Hab und Gut.

Der ganze hier vor uns auftauchende Komplex von Aufgaben läßt sich unter den Sammelbegriff „Entschädigung der vertriebenen Elsaß-Lothringer“ bringen.

Vom ersten Tage des Auftretens des Problems der Eingliederung der vertriebenen Elsaß-Lothringer in die deutsche Volkswirtschaft mußte es den leitenden Stellen klar sein, daß das deutsche Volk diesen aufs schwerste geschädigten Volksgenossen helfen müsse, daß es ihnen ihre Verluste ersetzen müsse, es sei denn, daß allgemein unser Wirtschaftsbau von Grund auf neu gestaltet wurde, etwa in der Form einer kommunistischen Wirtschaft. War mit einer solchen Umwälzung nicht zu rechnen, so mußte den Flüchtlingen ihr Eigentum zurückerstattet werden.

Die Verfassung des Deutschen Reiches sagt in ihrem Artikel 153: „Das Eigentum wird von der Verfassung gewährleistet.‘ Als deutsche Staatsbürger um ihrer Eigenschaft als deutsche Staatsbürger willen haben diese Männer und Frauen Hab und Gut verloren. Es geht in unserer heutigen, auf dem privaten Eigentum aufgebauten Wirtschaft nicht an, von den elsaß-lothringischen Flüchtlingen zu verlangen, sich als Lohnarbeiter zu verdingen, wenn sie bisher als Leiter eines industriellen Unternehmens tätig waren, und sie diese Stellung nicht durch eigene Schuld, sondern nur als Deutsche verloren haben. War diese Verpflichtung des deutschen Volkes zum Schadensersatz gegenüber den Flüchtlingen aus Elsaß-Lothringen anerkannt, so mußte sie so rasch als möglich eingelöst werden. Ein sehr beträchtlicher Teil der Vertriebenen gehört den begüterten Klassen an. Durch Ersatz ihrer Verluste wären viele in der Lage gewesen, selbständig ihren Weg zu gehen. Verzögerte sich dieser Ersatz, so mußte ihnen das deutsche Volk so lange durch Unterstützung ihr Leben fristen, bis der Schadensersatz ihnen die Möglichkeit zum Wiederaufbau ihrer Existenz gewährte. Daß solche Wartezeit auch die wirtschaftlichen Kräfte des Einzelnen in Mitleidenschaft ziehen mußte, war vorauszusehen.

Diese Entschädigungsfrage ist bis heute nicht in der richtigen Weise gelöst worden. Das erkennen wir aus dem Umstand, daß die Fürsorge für die Vertriebenen durch Unterstützungen in Geld und Naturalien von seiten des Roten Kreuzes noch heute den bereits besprochenen Umfang hat.

b) HAUSRATBESCHAFFUNG.

Die Fürsorge für die vertriebenen Elsaß-Lothringer durch Unterstützungen in Geld und Naturalien durfte nur ein Notbehelf sein, ihre Eingliederung in unser Wirtschaftsleben das Ziel. Die Arbeitsvermittlung genügte angesichts der trostlosen Lage der Flüchtlinge nicht. Auch die Angehörigen der Berufe und Klassen, deren Besitz nur gering ist, und die sich vollkommen aus dem täglichen Erwerb, den sie durch ihre Arbeitskraft erzielen, ernähren, Arbeiter und Angestellte, hatten zum mindesten ihren Hausrat eingebüßt. So kam es schon in den ersten Monaten der Ausweisungen, als die Arbeitsvermittlung für die Flüchtlinge in größerem Umfange einsetzte, häufig vor, daß Arbeiter und Angestellte die angebotene Arbeitsstelle nicht annehmen konnten, weil ihnen trotz Wohngelegenheit aus Mangel am nötigsten Hausrat ein dauernder Aufenthalt mit ihrer Familie in der Nähe der Arbeitsstätte unmöglich war. Der Verlust des Hausrats war für die Angehörigen aller Berufe und Klassen gleich schwer und fast allen Flüchtlingen gemeinsam. So trat dieser Mangel an Hausrat am raschesten und schärfsten in Erscheinung. Zum Teil hatten die Flüchtlinge ihre persönliche Habe vor dem Verlassen Elsaß-Lothringens zu Schleuderpreisen verkauft. Den meisten war sie beschlagnahmt worden, und die Franzosen begannen bereits im Frühjahr 1919 in einzelnen Fällen mit der Liquidation dieser sequestrierten Güter. Am niederdrückendsten war für die Mehrzahl der Flüchtlinge die Ungewißheit, ob sie mit der Wiedererlangung ihrer Fahrnis oder mit dem endgültigen Verlust zu rechnen hatten. Französische Einquatierung war in die unbewohnten, unter Sequester stehenden deutschen Wohnungen gelegt, so mußten die Flüchtlinge das Schlimmste für ihre Sachen befürchten, mit denen für sie teuerste Andenken verbunden waren, die jedem Dritten wertlos sein mußten. Und während sie drüben im Reichsland all ihre Habe, von der Zimmereinrichtung bis zum Handbesen, vom kostbaren Teppich bis zum Staubtuch, hatten zurücklassen müssen, mußten sie froh sein, wenn sie diesseits des Rheins ein Zimmerchen mit einigen Feldbetten, die das Rote Kreuz aus Heeresbeständen verteilte oder billig verkaufte, finden konnten.

Dieser Verlust der Fahrnis war in seiner wirtschaftlichen und in seiner psychischen Auswirkung besonders hart. Es ist daher kein Wunder, daß die Flüchtlinge vom ersten Tage ihrer Ausweisung an mit ganz besonderer Hartnäckigkeit um die Freigabe dieser in Elsaß-Lothringen sequestrierten Fahrnis kämpften. Keine Beiratssitzung, keine Versammlung ging vorüber, in der nicht mit besonderem Nachdruck die Herausgabe des in Elsaß-Lothringen zurückgelassenen Mobiliars verlangt wurde. Und diejenigen unter den Vertriebenen, die ihren Hausrat in Elsaß-Lothringen verkauft haben, waren in erster Linie darauf bedacht, vom Deutschen Reich Ersatz für den Verlust zu erlangen, den sie bei diesem Verkauf erlitten hatten. Weit unter dem Wert hatten sie ihre Fahrnis verschleudern müssen, und den Erlös konnten sie meist nicht mitnehmen, da nur die Mitnahme einer geringen Geldsumme erlaubt war. Schon am 20. Dezember 1918 betont der Freiburger Vertriebenenausschuß in einer Resolution an den Volksbeauftragten Ebert: „Die in Freiburg tagende Versammlung vertriebener Elsaß-Lothringer ... protestiert gegen die gewaltsame Zurückhaltung der Fahrnisse ..."

Die Reichsregierung trat sofort nach der Besetzung Elsaß-Lothringens durch die Franzosen mit Frankreich in Verhandlungen wegen Freigabe dieser deutschen Fahrnis ein. Aber erst am 15. November 1919 ist ein Abkommen über diesen Punkt zustande gekommen, wonach die gesamte Fahrnis der Deutschen in Elsaß-Lothringen von der im Friedensvertrag im Artikel 74 vorbehaltenen Liquidation von der französischen Regierung ausgenommen wurde, und die Ausfuhr dieser Fahrnis nach Deutschland freigegeben wurde. Als Entgelt mußte sich die deutsche Regierung verpflichten, der französischen Regierung 25 Millionen Franken französischer Währung zur Entschädigung derjenigen Elsaß-Lothringer zur Verfügung zu stellen, die während des Krieges wegen ihrer politischen Haltung oder Gesinnung durch die deutschen Behörden verhaftet, interniert, ausgewiesen oder zu einer andern als einer Geldstrafe verurteilt worden sind.

Danach konnten nun alle Vertriebenen, die ihre Fahrnis nicht verkauft hatten, und deren Mobiliar noch nicht liquidiert worden war, mit der Wiedererlangung ihrer persönlichen Habe rechnen, was in dem Sinne des deutsch-französischen Möbelabkommens gleichbedeutend ist mit Wiedererlangung der Wohnungseinrichtung, Kleidungsstücke, Schmuck, Briefe und sonstigen Schriftstücke usw. Nicht einbegriffen sind alle anderen Vermögenswerte, wie etwa Fahrnis, die besonders zum Gebrauch kaufmännischer, industrieller und landwirtschaftlicher Unternehmungen bestimmt ist.

Dieses Abkommen bedeutete einen wichtigen Erfolg der Reichsregierung in der Fürsorge für die Vertriebenen. Aber von den ersten Ausweisungen Deutscher aus Elsaß-Lothringen bis zum Zustandekommen dieses Abkommens war genau ein Jahr vergangen. Wie bereits hervorgehoben, war der Mangel am nötigsten Hausrat oft das Hindernis beim Versuch einer Existenzgründung. So mußte wenigstens notdürftig geholfen werden, wenn die Hilfe in größerem Umfang ausblieb.

Aus dieser Erkenntnis wurde im Juli 1919 die Bestimmung getroffen, daß Möbeldarlehen von der im März 1919 für die Elsaß-Lothringer im Reich gegründeten Darlehenskasse in Höhe von 2000 M. gegen niedrigen Zinsfuß von 4 % und Rückzahlung innerhalb von zwei Jahren gewährt werden konnten, und daß die Fürsorge zu diesem Darlehen eine einmalige Unterstützung von 1000 M. beisteuern sollte. — Diese Möbelbeihilfen finden wir bereits in dem Sammelausgabennachweis des Landesvereins Frankfurt des Roten Kreuzes auf S. 124 aufgeführt. — Auf diese Weise war immerhin für die Vertriebenen die Möglichkeit geschaffen, sich mit dem notwendigsten Hausrat zu versehen. Die Darlehenskasse wurde ermächtigt, diese Möbeldarlehen als Personalkredit zu bewilligen, und da hinsichtlich der Rückzahlungsverpflichtung innerhalb von zwei Jahren die Bestimmung festgesetzt wurde, daß dieselbe auf keinen Fall vor Erledigung der Entschädigungsansprüche des betreffenden Flüchtlings gegenüber dem Deutschen Reich erfolgen müsse, konnten die Vertriebenen weitgehenden Gebrauch von dieser Einrichtung machen.

Freilich mit 3000 M. war schon im Herbst vorigen Jahres eine ausreichende Beschaffung von Möbeln und sonstigen Hausrat auf dem freien Markt nicht mehr möglich. Durch Verhandlungen der Reichsregierung mit gemeinnützigen Hausratgesellschaften konnte ein billiger Bezug für die Vertriebenen gesichert werden. Auch die am 1. September 1919 gegründete Ein- und Verkaufsgesellschaft der vertriebenen Elsaß-Lothringer konnte wertvolle Dienste leisten. Nach Angabe ihrer Direktion gelang ihr die Beschaffung von etwa 150—200 Schlafzimmereinrichtungen, sowie von Küchenmöbeln, und zwar Vorkriegsware: ein Schlafzimmer = 1600 M., eine Küche = 800 bis 1000 M.

Die Fürsorgestellen des Roten Kreuzes halfen bei dieser Ausrüstung der Flüchtlinge mit, indem sie Bettwäsche, Decken und anderes teils als Unterstützung verteilten, teils zu niederen Preisen verkauften.

Durch das deutsch-französische Möbelabkommen vom 15. November 1919 wurde diese Möbelbeschaffungsfrage in weitem Maße erledigt. Seit Anfang dieses Jahres handelt es sich im Hinblick auf den Hausrat der Flüchtlinge vor allem um dessen Überführung aus Elsaß-Lothringen nach dem neuen Wohnort des Eigentümers. Nur bei den Flüchtlingen, die ihren Hausrat in Elsaß-Lothringen zu Schleuderpreisen verkauft haben, spielt der Ersatz ihrer hierdurch erlittenen Einbuße im Zusammenhang mit der

Entschädigung aller Verluste, die den Vertriebenen anläßlich der Verdrängung entstanden sind, eine Rolle.

Auf Grund des Möbelabkommens wurde, wie bereits bei Besprechung der Organisationen hervorgehoben, eine deutsch-französische Kommission mit der Überführung des Hausrats der vertriebenen Deutschen betraut. Zur Erleichterung des Abtransportes wurde eine Möbeltransportgesellschaft m. b. H. durch die Verbände der deutschen Möbeltransportunternehmer und den Hilfsbund geschaffen, um die Flüchtlinge nicht der Ausplünderung einzelner Transportunternehmer auszusetzen. Die Kosten für den Transport trägt das Reich, und zwar in der Höhe, die von dieser neu gegründeten Transportgesellschaft in Anschlag gebracht wird. Diese Transportgesellschaft steht in enger Fühlung mit der in Kehl in Baden arbeitenden Möbelkommission.

Die Möbelkommission hat Anfang des Jahres 1920 ihre Arbeit aufgenommen und veröffentlichte in den „Elsaß-Lothringischen Mitteilungen" vom 18. September 1920 folgende Statistik über ihre bisherige Tätigkeit:

„Bisher sind rund 10800 Anträge auf Ausfuhr von Möbeln und anderer Fahrnis, sowie auf Ermittlung der Einreiseerlaubnis eingegangen und in geschäftliche Behandlung genommen worden. Im ganzen sind spruchreif und der französischen Behörde übergeben worden:

a) 2051 Anträge auf Aufhebung der Zwangsverwaltung
b) 3416 „ „ Bewilligung der Ausfuhr von Mobiliar
c) 844 „ „ Bewilligung der Ausfuhr von geringer Habe
d) 881 „ „ Vermittlung der Einreiseerlaubnis.

Von diesen Anträgen sind genehmigt: zu

a) 905 Anträge = 44 %
b) 3150 „ = 92 %
c) 750 „ = 89 %
d) 550 „ = 62 % (soweit bekannt geworden: genehmigt 310, abgelehnt 240 Anträge).

Aus dieser Statistik geht hervor, daß die über einen großen Teil der Fahrnis Deutscher in Elsaß-Lothringen verhängte Zwangsverwaltung nicht ohne weiteres, sondern nur auf Antrag des Eigentümers erfolgt. Für die Erlaubnis zur Ausfuhr der Fahrnis müssen Beweise über Schuldenfreiheit des Eigentümers gegenüber dem französischen Staat oder französischen Staatsangehörigen (Steuern, Mietzins) beigeschafft werden. Zur Erledigung dieser Geschäfte verlangen viele Eigentümer die Einreiseerlaubnis. Eine völlig glatte Abwicklung der Möbelausfuhr ist also auch heute noch nicht gewährleistet. Immerhin ist die Hoffnung berechtigt, daß alle Fahrnis der Flüchtlinge nach Deutschland wird verbracht werden können. Aus den Anträgen, die bis September 1920 auf Ausfuhrbewilligung gestellt wurden, geht noch keineswegs hervor, wieviel Wohnungseinrichtungen aus Elsaß-Lothringen ausgewanderter Deutschen sich noch in Elsaß-Lothringen befinden. Vielen Vertriebenen ist es bei der heute herrschenden Wohnungsnot unmöglich, ihre Habe in Deutschland unterzubringen, und sie warten deshalb mit der Ausfuhr ab und lassen ihre Fahrnis bei einem elsässischen Spediteur untergestellt. Auch könnte die Möbelkommission nicht alle Gesuche sofort erledigen, wie sich aus ihrer bereits herrschenden Geschäftsüberlastung ergibt.

Abschließend kann man wohl die Maßnahmen, die getroffen worden sind, um den Flüchtlingen einerseits wieder zu ihrer Fahrnis zu verhelfen, andererseits die Beschaffung des nötigsten Hausrats bis zur Wiedererlangung ihrer sequestrierten Habe oder bis zur Entschädigung ihrer Verluste zu ermöglichen, als zweckmäßig und erfolgreich bezeichnen. Wären sie mit größeren Mitteln und rascher durchgeführt worden, so könnte man ihnen ohne Vorbehalt zustimmen.

Vielen Arbeitern und Angestellten ist durch diese Vorkehrungen die Neugründung einer Existenz ermöglicht worden. Den Angehörigen anderer Berufe dagegen konnte diese Beschaffung oder Wiederbeschaffung von Hausrat nicht genügen, um sich und ihre Familie wieder selbständig durch eigene Arbeit erhalten zu können.

Wir haben bereits betont, daß es nicht angeht, von den aus Elsaß-Lothringen vertriebenen Angehörigen der freien Berufe, von den Selbständigen aus Industrie, Handel und Landwirtschaft, von Rechtsanwälten, Ärzten usw. zu verlangen, daß sie auf ihre bisher innegehabte selbständige Stellung verzichten und jede Arbeit annehmen, sofern sie nur ihre Erhaltung sichert. Bei einer planmäßig großzügig ausgebauten Übernahme hätte man allerdings gerade unter den Angehörigen dieser Berufe einen Berufswechsel erreichen können, wenn man ihnen die Notwendigkeit eines solchen dargestellt hätte und ihnen vor allem unverzüglich vom Reich aus die Wege dazu gebahnt hätte. Nun man sie einfach sich selbst überließ, war es nur selbstverständlich, daß sie wieder in ihren Berufen unterzukommen suchten, was ihnen als völlig Mittellosen nur selten gelingen konnte. So waren die Angehörigen dieser Berufsgruppen in besonderem Maße auf die Fürsorge des Roten Kreuzes angewiesen, trotzdem es gerade diesen Menschen, die stets auf ihre errungene Selbständigkeit stolz gewesen waren, eine schwere Last bedeutete, von geschenktem Brot leben zu müssen. Denn durch die Art der Auszahlung wirkten die Unterstützungen, auch wenn sie gegen die Verpflichtung der Rückzahlung gewährt wurden, als Wohltätigkeit. Andererseits lag in dieser Rückzahlungsverpflichtung, die alle Vertriebenen ausstellen müssen, die aus verlorenen Werten und anderen infolge der Verdrängung entstandenen Verlusten eine Entschädigungsforderung an das Reich haben, die Gewähr, daß mit einer Entschädigung durch das Reich zu rechnen sei.

c) DARLEHENSERTEILUNG.

Das lange Warten auf diese Entschädigung mußte diese Menschen aufreiben, besonders angesichts der Tatsache, daß eine Eingliederung in das deutsche Wirtschaftsleben mit jedem Tag schwerer wurde. Auch erreichen die vom Roten Kreuz ausgezahlten Unterstützungen trotz der Rückzahlungsverpflichtung nur eine bestimmte Höhe — und zwar den Satz der Erwerbslosenfürsorge plus einer durchschnittlich gleichhohen Zusatzunterstützung.

Gelegenheiten, ein neues Geschäft zu begründen, konnten Kaufleute und Industrielle aus Mangel an Mitteln nicht ausnützen, trotzdem sie oft ein Vermögen ihr eigen nannten, das den mehrfachen Betrag als den benötigten ausmacht. Und ähnlich bei anderen Berufen.

Hiefür Abhilfe zu schaffen, war der Zweck der schon im Februar 1919 im Hilfsbund gegründeten Darlehenskasse. Sie sollte Flüchtlingen, die Vermögen in Elsaß-Lothringen zurücklassen mußten oder doch durch ihre persönlichen Eigenschaften genügende Sicherheit bieten, die Möglichkeit geben, sich eine neue selbständige Stellung zu erringen. Der Freiburger Vertriebenen-Ausschuß hatte den Gedanken der Gründung einer solchen Darlehensbank schon im Januar 1919 propagiert. Ein Kaufmann aus Mülhausen verfolgte den Gedanken mit zäher Energie und erreichte in persönlichen Besprechungen mit verschiedenen Reichsministern die Schaffung dieser Kasse. Im März 1919 konnte sie ihre Tätigkeit aufnehmen.

Diese Darlehenskasse besteht aus zwei verschiedenen Abteilungen, und zwar:

1) aus einer A-Kasse,
2) aus einer U-Kasse.

Die A-Kasse darf nur Kredit gegen eine Sicherung durch in Elsaß-Lothringen zurückgelassene Vermögenswerte des Darlehensnehmers geben, mit andern Worten, nur Realkredit gewähren, und zwar gegen 4% Zinsen und die Verpflichtung der Rückzahlung des Darlehens innerhalb von zwei Jahren, jedoch nicht vor Entschädigung des Darlehensnehmers für seine durch die Auswanderung erlittenen Verluste von seiten des Reiches.

Die U-Kasse = Unterstützungskasse ist befugt, reinen Personalkredit zu gewähren. Der Zinssatz beträgt 4%. Auch bei diesen Darlehen besteht die Verpflichtung zur Rückzahlung nach zwei Jahren. Aber die Rückzahlung ist viel weniger gesichert als bei der A-Kasse, weil diese ein Rückgriffsrecht auf Forderungen der Flüchtlinge an das Deutsche Reich besitzt. Die U-Kasse ist als eine Verstärkung der Fürsorge des Roten Kreuzes gedacht und zahlt nur Darlehen von niederen Beträgen aus. So fallen in ihren Wirkungskreis vor allem die Möbeldarlehen.

Die Mittel erhält die Darlehenskasse des Hilfsbundes durch die Deutsche Bank, diese wiederum vom Reichsfinanzministerium.

Bei der Gründung der Darlehenskasse war man nur darauf bedacht, eine vorübergehende Not zu lindern und Kaufleuten, Gewerbetreibenden, Handwerkern, freien Berufen usw. in engen Grenzen wenigstens die Aufnahme ihres Berufes zu ermöglichen. Mit Bestimmtheit erwartete man, daß durch den Friedensvertrag nach dem vor dem Kriege gültigen Völkerrecht den Flüchtlingen ihr gesamtes Privatvermögen zurückerstattet werden würde. Dementsprechend war auch die Höhe der Darlehen niedrig bemessen. Anfangs konnten Darlehen nur bis zur Höchstgrenze von 5000 M. gewährt werden. In unermüdlicher Arbeit erreichten die Vertriebenen, daß die Höchstgrenze vom Finanzministerium bis auf 50000 M. erhöht wurde, was besondere Bedeutung erlangte, als die Hoffnung der Vertriebenen, durch den Friedensvertrag ihr Eigentum zurückzuerhalten, getäuscht war, und einer Entschädigung ihrer Verluste durch das Deutsche Reich sich ständig hinauszögerte.

Aber auch mit 50000 M. konnten bei der heutigen Geldentwertung nur wenige Flüchtlinge aus den oberen Klassen sich tatsächlich eine neue Existenz gründen. Außerdem sind die größeren Darlehen nur schwer zu erhalten. Alle Anträge auf Darlehen über 5000 M. müssen vom Reichsfinanzministerium bewilligt werden.

Die Darlehensanträge sind bei den Ortsgruppen des Hilfsbundes einzureichen, gehen von hier mit einer Beurteilung an die Hauptgeschäftsstelle des Hilfsbundes in Berlin, wo sie von einer Kommission, bestehend aus Vertriebenen und Bankleuten, bearbeitet werden. Bis zu 2000 Mark hat diese Kommission das Bewilligungsrecht, von 2000—5000 M. ist eine Begutachtung der Deutschen Bank erforderlich, und über 5000 M. trifft die endgültige Entscheidung das Reichsfinanzministerium.

Aus der folgenden Zusammenstellung der bisher ausgezahlten Darlehen geht hervor, daß die Darlehenskasse weniger ein Kreditinstitut als vielmehr in der Hauptsache eine Unterstützungskasse bis heute geblieben ist.

Seit Bestehen hat die Darlehenskasse bis 1. September 1920 7098 Darlehen im Gesamtbetrag von rund $15^1/_2$ Millionen Mark ausbezahlt.

Davon entfallen:

			Zahl der Darlehen	Gesamtbetrag
I. Gruppe:	Darlehen bis	2000 M.	6356	ca. 8 Mill. M.
II. „	„ von	2000—5000 „	397	„ $1^1/_2$ „ „
III. „	„ über	5000 „	345	„ 6 „ „

Trotz der ansehnlichen Summe, die auf die höheren Darlehen fällt, wird doch in Anbetracht der geringen Zahl solcher Darlehen durch diese Zusammenstellung die Richtigkeit unserer obigen Behauptung erbracht.

Eine Übersicht über die Verteilung der Darlehen auf die Vertriebenen in den einzelnen Ländern sei hier beigefügt, weil sie eine nachträgliche Bestätigung unserer Annahme bedeutet, daß die Mehrzahl der vertriebenen Elsaß-Lothringer sich in Süddeutschland niedergelassen hat.

Bis Mitte Juni 1920 wurden Darlehen im Gesamtbetrage ausgezahlt nach:

Preußen	3 251 000 M.
Rheinland	2 422 000 „
Freie Städte	47 000 „
Sachsen	645 000 „
Bayern	1 000 000 „
Württemberg	878 000 „
Baden	3 058 000 „
Hessen	1 762 000 „
Insgesamt	13 063 500 M.

Zurzeit wird die Tätigkeit der Darlehenskasse bereits stark eingeschränkt. Die Entschädigung der Flüchtlinge für ihre Verluste hat seit Anfang des Jahres 1920 eingesetzt, und so wurde die Darlehenserteilung durch die A-Kasse in den letzten Monaten fast völlig eingestellt, während die U-Kasse noch Darlehen erteilt, weil die Erledigung der Entschädigungsforderung der Vertriebenen viel Zeit in Anspruch nimmt.

Wie die Arbeitsvermittlung und Beschaffung des nötigsten Hausrats in erster Linie einzelnen Berufsklassen unter den Vertriebenen zugute kam, so auch die Einrichtung der Darlehenskasse. Der niedere Mittelstand konnte durch den Kredit, den diese Kasse gewährte, in vielen Fällen zu einer Existenzgründung gelangen. Ein Handwerker konnte durch ein Darlehen von 2000 M. in die Lage versetzt werden, sich sein verlorenes Handwerkszeug zu ersetzen und auf diese Weise unter gleichzeitiger Benützung der Fürsorge in abnehmendem Maße allmählich wieder in selbständige Stellung gelangen. Die Masse der Flüchtlinge, die sich nur durch Ersatz der in Elsaß-Lothringen zurückgelassenen Werte in ihrem Beruf wieder aufrichten konnte, fand nicht den nötigen Rückhalt beim Wiederaufbau der Existenz durch diese Darlehenserteilung. Dazu war die Höhe der Darlehen zu niedrig.

Gewiß ist es sehr erfreulich, daß durch diese Kasse gerade den wirtschaftlich schwächeren Klassen geholfen wurde. Aber wir haben schon mehrfach festgestellt, daß den um ihres Deutschtums willen aus Elsaß-Lothringen Vertriebenen in ihrer Gesamtheit so geholfen werden muß, daß sie in unserem Wirtschaftsleben, wenigstens den heutigen wirtschaftlichen Verhältnissen Deutschlands entsprechend, wieder an die Stelle treten können, die sie in Elsaß-Lothringen inne hatten. Hier darf es keine Mittelstandspolitik und andere einseitige Orientierung geben. Es geht nicht an, allgemein in unserer Wirtschaftspolitik erwogene Maßnahmen, wie etwa Abbau der großen Privatvermögen, Überleitung des Privateigentums von einer gewissen Höhe an in die Hände der Gesamtheit, einseitig bereits heute bei der Behandlung der vertriebenen Elsaß-Lothringer in Anwendung zu bringen. Der Kriegs- und Revolutionsgewinnler erfreut sich noch heute eines recht ansehnlichen Besitzes. Der Deutsche, der aus seiner Heimat verjagt wird, der sich sein Vermögen oder seine einkommensreiche Stellung in einem arbeitsamen Leben erworben hat, soll schlechter behandelt werden?

Wie dafür eingetreten werden muß, daß dem Flüchtling, weil er aus Elsaß-Lothringen, anderen Grenzlanden oder dem Ausland unter Verlust seines Eigentums verdrängt worden, sein Hab und Gut vom deutschen Volk ersetzt wird, ebenso sehr muß gegen eine zu hohe Vergütung des Verlorenen angekämpft werden. Derartige Konjunkturgewinne müssen die Vertriebenen bei der heutigen Lage Deutschlands als eine Entwürdigung ihrer selbst empfinden.

Aber auf den Standpunkt der vollen Entschädigung mußte sich die Reichsregierung vom ersten Tage an stellen. Die vertriebenen Deutschen aus Elsaß-Lothringen befinden sich insofern in einer schlechteren Lage als die beispielsweise aus den östlichen Provinzen Preußens vertriebenen, weil sie sich in ihrer Notlage nur an das Deutsche Reich, nicht aber auch an ein einzelnes Land wenden können. Elsaß-Lothringen war Reichsland. Die Flüchtlinge müssen sich an einen Staat ohne Land um Hilfe wenden. Das Deutsche Reich hat nicht die Möglichkeit, z. B. durch Landanweisung und ähnliche Maßnahmen den aus Elsaß-Lothringen Vertriebenen direkt zu helfen. Ein solcher Weg führt über die einzelnen Länder. Der föderalistische Aufbau unseres Vaterlandes bedeutet eine Erschwerung in der Durchführung der Wiedereingliederung dieser Heimatlosen in unser Wirtschaftsleben. Aber das Reich mußte die föderalistischen Hemmungen beseitigen. Außerdem muß betont werden, daß die Entschädigung, die sich im großen nur durch mobile Werte erfüllen läßt, dadurch nicht wesentlich behindert werden konnte. Die einzelnen Länder könnten eine solche Entschädigung heute, nachdem seit Kriegsausbruch und vor allem durch die Finanzreform des vorigen Jahres alle großen Einnahmequellen auf das Reich übergegangen sind, noch schwerer leisten als das Reich.

Für uns ist es ausschlaggebend, daß die Vertriebenen aus Elsaß-Lothringen durch den verlorenen Krieg, den das deutsche Volk in seiner Gesamtheit liquidieren muß, um Hab und Gut gekommen sind. So muß das deutsche Volk auch in seiner Gesamtheit diesen Verlust übernehmen und den einzelnen entschädigen.

d) ENTSCHÄDIGUNG DER IN ELSASS-LOTHRINGEN ERLITTENEN VERLUSTE.

In den ersten Monaten des Waffenstillstandes konnte es verständlich erscheinen, wenn die Reichsregierung zu dieser Schadensersatzfrage für die vertriebenen Elsaß-Lothringer noch keine Stellung nahm. Frankreich gegenüber sollte dadurch der Standpunkt vertreten werden, daß man mit dem Verlust Elsaß-Lothringens als mit einer Selbstverständlichkeit nicht rechnete, und daß man auf alle Fälle eine Freigabe alles privaten Eigentums durch den Friedensschluß erwartete. Freilich durfte dies nicht hindern, daß die Reichsregierung in klarer Voraussicht des Kommenden alle vorbereitenden Schritte tat, um sofort nach Friedensschluß die Durchführung der Entschädigung an die Flüchtlinge in Angriff nehmen zu können. Bis zum Friedensschluß waren Notbehelfe wie die Fürsorge und Darlehenskasse gerechtfertigt. Nach dem Friedensschluß mußten sie durch Entschädigung der Verluste überflüssig gemacht werden.

α) LIQUIDATIONSSCHÄDEN.

Am 28. Juni 1919 wurde der Friede in Versailles unterzeichnet. Es bestand nun kein Zweifel mehr über den Umfang der Verluste, der die nach Deutschland seit Waffenstillstand ausgewiesenen und ausgewanderten Deutschen aus Elsaß-Lothringen traf. Eine Entschädigung von seiten Frankreichs war nicht mehr zu erwarten, der Friedensvertrag verpflichtete im Gegenteil Deutschland zur Entschädigung seiner Staatsangehörigen. Für bestimmte Kategorien von Verlusten, nämlich die Liquidationsschäden, wurde Deutschland die rechtliche Verpflichtung zum Schadenersatz gegenüber den Flüchtlingen aus Elsaß-Lothringen auferlegt. Der Friedensvertrag sagt in seinem Abschnitt über Elsaß-Lothringen im Artikel 74:

„Die französische Regierung behält sich das Recht vor, alle Güter, Rechte und Interessen, die am 11. Nov. 1918 deutsche Reichsangehörige oder von Deutschland abhängige Gesellschaften in den im Artikel 51 bezeichneten Gebieten (— Elsaß-Lothringen —) besaßen, unter den im letzten Absatz des obigen Art. 53 festgesetzten Bedingungen einzubehalten und zu liquidieren.

Deutschland hat seine durch diese Liquidation enteigneten Angehörigen unmittelbar zu entschädigen. Die Verwendung des Erlöses dieser Liquidation regelt sich gemäß den Bestimmungen des Abschnittes 3 und 4 Teil 10 (wirtschaftliche Bestimmung) des gegenwärtigen Vertrages."

Aus den Abschnitten 3 und 4 des Teil 10 geht hervor, daß der Erlös aus den Liquidationen deutschen Besitzes in Elsaß-Lothringen zur Deckung von Ansprüchen französischer Staatsangehöriger gegen den deutschen Staat oder deutsche Staatsangehörige verwandt werden soll, und der mögliche Überschuß Deutschland auf die Wiedergutmachungssumme angeschrieben werden soll.

Der letzte Absatz des Art. 53 besagt, daß gegen Deutsche, denen Frankreich die Genehmigung erteilt, in Elsaß-Lothringen zu wohnen, die Liquidation nicht durchgeführt werden soll. Für unsere Betrachtung hat dieser Abschnitt keine Bedeutung, da es sich für uns nur um die aus Elsaß-Lothringen ausgewiesenen oder verdrängten Deutschen handelt. Über deren Güter, Rechte und Interessen hat der Friedensvertrag ein eindeutiges Urteil gesprochen. Denn daß dieser Vorbehalt der Liquidation in den meisten Fällen zur tatsächlichen Liquidation führen würde, war anzunehmen, und hat sich auch bestätigt.

β) VERDRÄNGUNGSSCHÄDEN.

So geht aus dem Friedensvertrag das Recht der vertriebenen Elsaß-Lothringer auf Entschädigung ihrer in Elsaß-Lothringen beschlagnahmten oder bereits liquidierten Güter durch das Deutsche Reich hervor. Doch müssen wir uns an dieser Stelle klarmachen, daß nicht alle Verluste der Vertriebenen auf solcher Enteignung durch Frankreich beruhen. Viele Verluste haben auf der französischen Seite keinen Gewinn hervorgerufen. Solche Verluste sind durch die Entschädigungsbestimmungen des Friedensvertrages natürlich nicht erfaßt. Durch überstürzten Verkauf ihrer Habe sind viele Deutsche in Elsaß-Lothringen schwer geschädigt worden, nicht anders durch Verlust ihrer Praxis, ihrer Kundschaft. In jahrelanger Arbeit hat sich der Arzt seine Praxis, der Kaufmann seine Kundschaft erringen müssen. Von einem Tage zum andern wurde er aus Elsaß-Lothringen ausgewiesen und steht heute, auch wenn ihm seine von Frankreich liqudierten Werte in Elsaß-Lothringen vom Deutschen Reich ersetzt werden, vor der Notwendigkeit, von neuem den Konkurrenzkampf aufzunehmen. Unter diese Verluste, die wir, im Gegensatz zu den Liquidationsschäden Verdrängungsschäden nennen, ist auch der Schaden zu rechnen, den die Deutschen in Elsaß-Lothringen durch die Münzwährungsbestimmungen erlitten haben, auf die wir schon an früherer Stelle hingewiesen haben. Durch die Einführung der französischen Währung waren die Deutschen, die nach Entlassung aus dem Amt oder nach Schließung ihres Geschäftes größtenteils von ihrem Markguthaben leben mußten, gezwungen, mit ihrer entwerteten Mark französische Franken zu kaufen. Bedenkt man, daß die Mark zuzeiten wie 1 Frs. = 8 M. stand, so kann man die Einbuße errechnen, die dem Deutschen in Elsaß-Lothringen aus solchen Valutaverhältnissen erwachsen ist. Eine Aufzählung aller Verdrängungsschäden ist unmöglich. Alle Verluste, die nicht unter den Begriff der Liquidationsschäden fallen, sind als Verdrängungsschäden zu bezeichnen. Daß auch für diese eine Entschädigung erfolgen muß, ist selbstverständlich. Deutschland darf nicht der Bestimmung des Friedensvertrages wegen die Flüchtlinge entschädigen, sondern muß es aus eigenem Antrieb tun. Und dabei macht es keinen Unterschied, ob ein Deutscher sein Einkommen in Form von Häuserbesitz oder in Form einer ärztlichen Praxis verloren hat.

γ) KRIEGSSCHÄDEN.

Schließlich muß noch eine dritte Art von Schäden erwähnt werden, auf deren Ersatz die vertriebenen Elsaß-Lothringer Anspruch haben. Es sind dies die Kriegsschäden, d. h. die Verluste an Hab und Gut, die Deutsche in Elsaß-Lothringen während des Krieges durch Ereignisse im Kampfgebiet, wie Fliegerangriffe, Beschießungen, Verschleppung und Verhaftung erlitten haben. Die trostlose Lage der Flüchtlinge wird dadurch besonders gekennzeichnet, daß auch für diese Verluste bis heute eine endgültige Regelung noch nicht erfolgt ist.

Bei den Liquidations-, Verdrängungs- und Kriegsschäden handelt es sich lediglich um Schäden an Hab und Gut. Unberücksichtigt ist hierbei noch geblieben, daß sowohl durch den Krieg als auch durch die Verdrängung viele heute in Deutschland lebende Elsaß-Lothringer Beeinträchtigungen an Leib und Gesundheit erfahren haben. Ein Schadensersatz wird auch in diesen Fällen erfolgen müssen. Doch soll die Entschädigung solcher Personenschäden einheitlich durch ein Reichsgesetz für alle Deutschen geregelt werden. Bis heute ist dies Gesetz noch nicht ergangen.

Die weitaus größte Zahl der Vertriebenen hat jedoch keine Personenschäden, sondern Sachschäden erlitten, und wir wollen nun im folgenden uns ein Bild darüber verschaffen, inwiefern bis heute ein Ersatz solcher Sachschäden an die vertriebenen Elsaß-Lothringer erfolgt oder doch ermöglicht ist. Wir behalten hierbei die Trennung in Kriegsschäden, Verdrängungsschäden und Liquidationsschäden bei. Kriegsschäden einerseits, Liquidations- und Verdrängungsschäden andererseits beruhen auf so verschiedener Entstehung, daß eine gesonderte Behandlung von seiten des Reiches selbstverständlich ist. Dagegen hängen die Liquidations- und Verdrängungsschäden insbesondere durch ihren gemeinsamen Grund der Entstehung doch in so weitem Maße zusammen, daß sie trotz der begrifflichen Trennung eine einheitliche Behandlung erfahren müssen.

1) Kriegsschäden. Am 3. Juli 1916 ist ein Gesetz „über die Feststellung von Kriegsschäden im Reichsgebiet" (RGBl. 1916, S. 154) erlassen worden. Durch dieses Gesetz wurde bestimmt, daß durch Ausschüsse die Schäden, die durch kriegerische Unternehmungen deutscher oder feindlicher Truppen, durch Brand usw. in den vom Feinde besetzten oder bedrohten Gebieten, durch Flucht, Abschiebung, Verschleppung der Bevölkerung dem einzelnen Deut-

schen entstanden waren oder weiterhin entstehen würden, festgestellt werden sollten. Auf Grund dieses Gesetzes erließ der Bundesrat am 19. September 1916 eine Bekanntmachung betr. das Verfahren zur Feststellung von Kriegsschäden im Reichsgebiet (RGBl. 1916 Nr. 212). Die Feststellungsausschüsse wurden errichtet und die Bundesstaaten ermächtigt, auf den festgestellten Schaden Vorschüsse und Vorentschädigungen vorbehaltlich späterer Rückerstattung durch das Reich den einzelnen Geschädigten zu gewähren. Auf diese Weise konnten auch die in Elsaß-Lothringen durch Kriegsschäden betroffenen Deutschen einen teilweisen Schadensersatz erlangen.

Durch die Besetzung Elsaß-Lothringens wurde diese Feststellung und Vorentschädigung von Kriegsschäden unterbrochen.

Erst im Sommer 1919 gelang es der Abteilung für Elsaß-Lothringen im Reichsministerium des Innern, vom Reichsfinanzministerium Vorschüsse zu erlangen, aus denen fernerhin Vorentschädigungen an die vertriebenen Elsaß-Lothringer auf solche Kriegsschäden ausgezahlt werden konnten, die bereits in Elsaß-Lothringen während des Krieges von den Feststellungsbehörden in ihrer Höhe anerkannt worden waren. Viele Feststellungsverfahren waren jedoch in Elsaß-Lothringen noch nicht beendet worden, ein Teil der Kriegsschäden noch gar nicht angemeldet. So befand sich eine große Zahl Vertriebener in der Lage, aus Fürsorgemitteln des Roten Kreuzes leben zu müssen, trotzdem sie sich durch Zahlung der an sich gesetzlich ermöglichten Vorentschädigung auf Kriegsschäden selbständig hätten weiterhelfen können. Erst am 30. September 1919 (Zentralbl. f. d. D. Reich S. 1159) wurde vom Reichsminister des Innern bestimmt, daß zur Feststellung von Kriegsschäden im Sinne des Gesetzes vom 3. Juli 1916, die in Elsaß-Lothringen erfolgt sind, Feststellungsausschüsse und ein Oberausschuß vom Reichsministerium des Innern zu errichten seien, und daß im Einvernehmen mit dem Reichsminister des Innern auf die festgestellten Schäden Vorentschädigungen und Vorschüsse gewährt werden könnten.

So war für die Flüchtlinge eine weitere Verfolgung ihrer Kriegsschadenforderung ermöglicht. In den letzten Wochen des Jahres 1919 nahmen die vom Reichsministerium des Innern errichteten acht Feststellungsausschüsse (Berlin, Cassel, Darmstadt, Freiburg, Karlsruhe, Ludwigsburg, Nürnberg, Trier) und der Oberausschuß in Berlin ihre Tätigkeit auf.

Die Frage ist die, ob es nicht möglich gewesen wäre, diese Feststellung der Kriegsschäden und ihre Vorentschädigung mindestens ein halbes Jahr früher aufzunehmen!

Bis heute ist jedoch noch keine endgültige Regelung dieser Kriegsschadenfrage erfolgt. Immerhin besteht die Bestimmung, daß rechtskräftig festgestellte Schäden bis zu ihrer vollen Höhe vorentschädigt werden können, wenn es sich um Aufrichtung zusammengebrochener Existenzen handelt.

2) Liquidations- und Verdrängungsschäden. Wir haben bereits gesehen, daß die deutsche Reichsregierung durch den Friedensvertrag von Versailles verpflichtet worden ist, alle Deutschen, denen durch die französische Regierung ihre Güter, Rechte und Interessen in Elsaß-Lothringen liquidiert worden sind, zu entschädigen. Eine besondere Anerkennung dieser Entschädigungspflicht brauchte von seiten des Deutschen Reiches nicht mehr zu erfolgen, um den Anspruch des einzelnen Staatsbürgers auf diese Entschädigung rechtskräftig zu machen, da der Friedensvertrag als Reichsgesetz publiziert ist. Trotzdem wurde durch das Reichsgesetz „über Enteignungen und Entschädigungen aus Anlaß des Friedensvertrages zwischen Deutschland und den alliierten und assoziierten Mächten“ vom 31. August 1910 (RGBl. 1919 Nr. 171) diese Verpflichtung nochmals präzisiert. In den für uns in Betracht kommenden Paragraphen 6—8 sagt dieses Gesetz:

§ 6. Die Enteignung erfolgt gegen angemessene Entschädigung. Ebenso kann für Vermögensnachteile, die eine Beschlagnahme zur Folge hat, wenn sie nicht zur Enteignung führt, angemessene Entschädigung gewährt werden.

Im einzelnen stellt, falls nicht im Sonderfall ein besonderes Gesetz ergeht, der zuständige Reichsminister im Einvernehmen mit den

Reichsministern der Finanzen und der Justiz für Art und Umfang der Entschädigung Richtlinien auf. Diese Richtlinien bedürfen der Zustimmung des Reichsrats und eines von der Nationalversammlung zu wählenden Ausschusses von 15 Mitgliedern. . .

§ 7. Die Entschädigung wird von der Enteignungsbehörde oder . . . . festgesetzt. Kann die Festsetzung oder die Auszahlung nicht sofort erfolgen, so kann in Anrechnung auf die Entschädigung ein Vorschuß bewilligt werden.

Gegen die Festsetzung der Entschädigung kann binnen 6 Monaten von der Zustellung des Festsetzungsbescheids an die Entscheidung des Reichswirtschaftsgerichts nachgesucht werden. . .

§ 8. Die Vorschriften der §§ 6 und 7 finden entsprechende Anwendung, soweit die Entziehung unter Beeinträchtigung von Gegenständen zugunsten der alliierten und assoziierten Regierungen oder einer von ihnen zugunsten eines Angehörigen der alliierten und assoziierten Mächte in dem Friedensvertrage selbst ausgesprochen oder als wirksam anerkannt ist oder auf Grund des Friedensvertrags durch die a. a. Regierungen oder eine von ihnen erfolgt.

Unter die in § 8 bezeichneten Fälle gehören die von den aus Elsaß-Lothringen Vertriebenen erlittenen Verluste.

Die vertriebenen Elsaß-Lothringer atmeten auf, denn nach Erlaß der in § 6 angekündigten Liquidationsrichtlinien konnten sie wenigstens mit einer baldigen Entschädigung ihrer durch Beschlagnahme von Gütern, Rechten und Interessen von seiten Frankreichs zugefügten Liquidationsschäden rechnen. Drei Monate verliefen ohne den erhofften Erlaß der Liquidationsrichtlinien zu bringen. Immerhin wurde von maßgebender Seite die Nachricht verbreitet, daß ein besonderes Entschädigungsgesetz in Ausarbeitung sei, das eine Entschädigung sowohl der Liquidations- als auch der Verdrängungsschäden für die vertriebenen Elsaß-Lothringer vorsehe. Die Ortsgruppen des Hilfsbundes suchten in jeder Weise mit Hinweis auf diese Aussicht, die Flüchtlinge, deren Stimmung eine immer gereiztere wurde, zu beruhigen.

Ein Jahr war seit den ersten Ausweisungen vergangen, und noch war nichts geschehen, außer ungenügendem Notbehelf, wie Arbeitsvermittlung, Darlehenskasse und Hausratbeschaffung, um den Flüchtlingen bei ihrer Existenzgründung zu helfen und ihnen die Verluste, die sie durch die Verdrängung erlitten hatten, zu ersetzen.

So mußte Ende November 1919 die Mitteilung des Reichsministeriums des Innern, daß ein besonderes Entschädigungsgesetz für die Elsaß-Lothringer überhaupt nicht zu erwarten sei, sondern ihre Entschädigung mit allen anderen geschädigten Grenzlands- und Auslandsdeutschen erfolgen solle, einen Sturm der Entrüstung unter den Vertriebenen entfesseln.

Der Beirat im Reichsministerium des Innern, Abteilung für Elsaß-Lothringen, verfaßte auf seiner dritten Tagung, die in Cassel vom 25. bis 29. November 1918 stattfand, folgende Resolution:

„Dem elsaß-lothringischen Beirat ist für seine diesmalige Tagung die Vorlage eines Gesetzentwurfes zur endgültigen Regelung der Entschädigung für Elsaß-Lothringische Verdrängte in Aussicht gestellt worden. Statt diesen Gesetzentwurf in Vorlage zu bringen, hat die Regierung unter Einbringung von Richtlinien für eine vorläufige Regelung im Wege der Bevorschussung, Beihilfe und Unterstützung dem Beirat die Mitteilung gemacht, daß die Reichsregierung auf Grund neuerlicher Entschließung von der Vorlage eines besonderen Entschädigungsgesetzes für die Elsaß-Lothringer absehen zu müssen glaube, und diese Entschädigung gemeinsam mit derjenigen der Auslandsdeutschen, Kolonialdeutschen und Ostdeutschen zu regeln beabsichtige.

Der Beirat legt gegen diese nach monatelangen Vorarbeiten völlig überraschend eingetretene Änderung des Standpunktes der Regierung im Interesse seiner schwer leidenden Landsleute ernstliche Verwahrung ein, und erblickt darin die Gefahr einer schweren Schädigung der ihm anvertrauten Interessen. Das Fallenlassen der bisherigen Einzelentwürfe und die Übertragung der Ausarbeitung des gemeinsamen Gesetzentwurfes auf ein neues, mit der Sache bisher in keiner Weise befaßtes Ministerium bedeutet auf der einen Seite die Ausschaltung der bisher im Ministerium des Innern gesammelten Erfahrungen und Vorarbeiten, auf der anderen ein weiteres Hinausschieben der so dringend notwendigen Erledigung der Entschädigungsfrage. . . .

In der Zusammenfassung der Entschädigungsfrage der Elsaß-Lothringer mit denen der Auslands-, Kolonial- und Ostdeutschen, trotz großer Ungleichheit der rechtlichen Unterlagen und trotz wesentlicher Verschiedenheit der geltend zu machenden Ansprüche, liegt die offensichtliche Gefahr einer gleichmacherischen Behandlung und damit insbesondere die Bedrohung der besonderen Interessen der elsaß-lothringischen Flüchtlinge mit ernster Benachteiligung.

Der Beirat ersucht daher die Reichsregierung auf das eindringlichste um alsbaldige Vorlage eines besonderen Entschädigungsgesetzes für die elsaß-lothringischen Vertriebenen.

Bei dem Erlaß dieses Gesetzes beantragt der Beirat die beiliegenden Grundsätze in Anwendung zu bringen. Zur Unterstützung dieses Antrages will der Beirat nicht so sehr auf die diese Grundsätze stützenden Regeln des bürgerlichen und öffentlichen Rechts und die Bestimmungen des Friedensvertrages, als auf die moralische Verpflichtung des Reichs gegenüber seinen so schwer geschädigten Kindern hinweisen."

Die Grundsätze, nach denen der Beirat die Entschädigung der vertriebenen Elsaß-Lothringer durchgeführt wissen wollte, wurden in einer zweiten Resolution beigefügt:

„Der Entschädigungsberechtigte hat Anspruch auf Entschädigung für alle Schäden, die ihm erwachsen sind:

a) aus Anlaß der politischen Umwälzung, durch Aufruhr, Plünderung, Diebstahl, Brand;

b) durch Schaden an Leib und Leben, sei es aus Fall, sei es durch französiche Maßnahmen;

c) infolge ungerechtfertigter Verschleppung, Verhaftung oder Verurteilung;

d) infolge der durch die feindliche Besetzung oder sonstige feindliche Maßnahmen veranlaßten Verfügungen über sein Vermögen einschließlich der Veräußerung zu verlustbringenden Preisen;

e) infolge der feindlichen Geldwährungs- und Kursbestimmungen;

f) infolge seiner Verdrängung und Verhinderung an der Verfügung über sein Vermögen.

Umfang der Entschädigung:

1. Die Entschädigung im vorstehenden Sinne umfaßt:

a) Alle Gegenstände wie Immobilien, Mobilien, Waren, Geräte, Maschinen, literarische und künstlerische Werke aller Art, sowie Einrichtungen und dergleichen. Bei Verlust erfolgt der Ersatz zu vollem Ersatzwert, bei Beschädigung oder Verschleppung mit dem Wertunterschied;

b) alle Ansprüche, sei es an Behörden, Banken .... oder sonst wen, oder aus dem Besitz von Wertpapieren, soweit der Besitz oder Gebrauch infolge der Besetzung entzogen oder beschränkt wurde;

c) den Verlust der Pensionen oder Anwartschaften darauf, auch soweit sie durch Privatdienstvertrag erworben sind, oder aus Stiftungen oder Zuwendungen stammen. Ferner die Ansprüche auf Bezüge und künftige Leistungen aus der Reichsversicherungsordnung;

d) den wirtschaftlichen Schaden, entstanden durch Verlust des Erwerbes oder seiner Grundlage, z. B. des Geschäftsfonds ...., jedoch nur soweit es nicht möglich ist, durch gleichartige Tätigkeit im Inlande wieder einen dem früheren Einkommen entsprechenden angemessenen Verdienst zu erzielen, und soweit dieser Verlust nicht durch die Zahlung der allgemeinen Verdrängungsbeihilfe als ausgeglichen gelten kann.

2. Außerdem ist eine allgemeine Verdrängungsbeihilfe zu gewähren nach folgenden Grundsätzen:

a) einer männlichen Person über 25 Jahren 1200 M.

b) „ „ „ von 18—25 „ 800 „ usw. usw.

3. Den nach Verlust ihres Einkommens in Elsaß-Lothringen zurückgebliebenen Angehörigen von Vertriebenen ist der Betrag zu ersetzen, den sie zur Bestreitung ihres notwendigen Lebensunterhaltes verbraucht haben.

4. Die Kosten, die entstanden sind durch das Verlassen des Landes und die Wegschaffung des Besitzes, sind zu erstatten.

5. Grundsätzlich gilt bei der Bemessung der Entschädigung für sachliche Verluste: Sachwert gegen Sachwert, d. h. die Entschädigung ist im Falle des Ersatzes so zu bemessen, daß ein gleichwertiger Ersatz beschafft werden kann."

Da sich der Beirat darüber klar war, daß die Ausarbeitung und Inkraftsetzung eines solchen Gesetzes Monate beanspruchen würde, beschloß er von der Regierung zu verlangen, unverzüglich eine Verordnung zu erlassen, auf Grund deren bis zum Inkrafttreten des Entschädigungsgesetzes den Flüchtlingen Vorschüsse auf die erlittenen Schäden gewährt werden sollten, soweit diese entsprechend dem Reichsgesetz vom 31. August 1919 oder entsprechend den vom Beirat beschlossenen Richtlinien zum Entschädigungsgesetz angemeldet würden. Bei dieser Vorentschädigung sollten die folgenden Grundsätze beachtet werden, die der Beirat in einer dritten Resolution zusammenfaßte:

„Der Beirat kann die von der Regierung vorgelegten Richtlinien für die Gewährung von Vorschüssen usw. für Schäden Deutscher in Elsaß-Lothringen nicht annehmen, weil sie den besonderen Verhältnissen der Flüchtlinge nicht genügend Rechnung tragen. Unverzüglich ist auf dem Verordnungswege zu veranlassen, daß bis zum Inkrafttreten des besonderen Entschädigungsgesetzes für die vertriebenen Elsaß-Lothringer diese Vorschüsse auf die erlittenen Schäden gewährt werden, soweit sie auf Grund des Reichsgesetzes vom 31. August 1919 oder auf Grund der vom Beirat beschlossenen Richtlinien zum Entschädigungsgesetz angemeldet sind. Hierbei sind folgende Grundsätze zu beachten:

1. Für Liquidationsschäden drei Viertel des Betrages, welcher voraussichtlich dem Deutschen Reiche auf die zu zahlende Kriegsentschädigung angerechnet werden wird.

2. Für Sachschäden, hervorgerufen

a) durch Brand, Diebstahl, Zerstörung oder Plünderung;

b) durch Verschleuderung unter dem Sachwert infolge feindlichen Druckes;

c) durch andere mit der Verdrängung aus Elsaß-Lothringen zusammenhängende Ursachen;

$^3/_4$ des Sachwertes zur Zeit der Ersetzung unter Anrechnung des bei der Verschleuderung erzielten Erlöses.

3. Für die übrigen auf Grund der Richtlinien für das Entschädigungsgesetz angemeldeten Schäden die Hälfte des Betrages, welcher nach Prüfung der Anmeldung gerechtfertigt erscheint.

Auf dem gleichen Wege sind in Fällen wirtschaftlicher Bedrängnis bis zu 2000 M. pro Person zur Neugründung von Existenzen und zur Beschaffung des nötigen Hausrates u. dgl. Unterstützungen zu gewähren.

Außerdem kam der Beirat zu dem Entschluß, eine Kommission aus seiner Mitte zu wählen, die persönlich bei den maßgebenden Reichsstellen vorsprechen sollte, um nachdrücklich auf die großen Gefahren hinzuweisen, die ein weiteres Hinhalten der vertriebenen Elsaß-Lothringer mit sich bringen müßte, und die verzweifelte Lage der notleidenden Flüchtlinge zu schildern.

Am 15. Dezember 1919 wurde diese sechsgliedrige Kommission vom Reichskanzler in einer Audienz empfangen, an welcher außer dem Reichskanzler der Reichsminister des Innern, der Reichsminister für Wiederaufbau, Vertreter des Reichsfinanzministeriums und des Reichsjustizministeriums, sowie der Leiter der Abteilung für Elsaß-Lothringen im Reichsministerium des Innern teilnahmen. Der Reichskanzler sagte der Kommission weitgehendstes Entgegenkommen der Reichsregierung zu. Er versprach, daß eine Verquickung der Entschädigungsfrage der Inlands- und Auslandsdeutschen nicht erfolgen solle, sondern ein besonderes Entschädigungsgesetz für die Inlandsdeutschen ausgearbeitet werden solle. Was die Verordnung betr. vorläufige Entschädigung der Vertriebenen betraf, sprach der Reichskanzler den Wunsch aus, daß sie baldmöglichst, wenn nicht mehr vor Weihnachten, so doch sofort nach Weihnachten in Kraft treten sollte, nachdem der zuständige Minister erklärt hatte, daß die vorbereitenden Arbeiten bereits beendet seien, und der Veröffentlichung der Verordnung in kürzester Frist nichts im Wege stände.

Welche Bedeutung diese Zusagen für die Flüchtlinge hatten, zeigt sich deutlich in dem Urteil, welches das Organ der Vertriebenen „Die elsaß-lothringischen Mitteilungen" dem Bericht über diese Audienz beim Reichskanzler beifügte:

„Man sagt nicht zu viel, wenn man diesen Ausgang der Besprechungen als einen vollen Erfolg der Bemühungen des Beirates und des Hilfsbundes bucht, und darin ein Ereignis von weittragender Bedeutung für unsere elsaß-lothringischen Verdrängten erblickt. Wir sind mit unseren Forderungen ein gutes Stück weiter gekommen und können nach den offenen, energischen und warmherzigen Ausführungen des Herrn Reichskanzlers ernstlich hoffen, daß endlich in der Behandlung unserer Forderungen ein schnelleres Tempo und ein größeres Entgegenkommen eintritt. Die Bahn für die weitere Entwicklung ist frei gemacht. Beirat und Hilfsbund werden ihrerseits nicht ermangeln, auch weiter auf vollen Erfolg zu drängen. Möge dieser Bericht für unsere Landsleute ein froher und erhebungsvoller Weihnachtsgruß sein!" (Els.-Lothr. Mitteilungen, Jahrg. 1919, Nr. 47.)

Am 9. Januar 1920 erschienen die Richtlinien für die Gewährung von Vorschüssen, Beihilfen und Unterstützungen für Schäden Deutscher in Elsaß-Lothringen aus Anlaß des Krieges oder ihrer Verdrängung.

Diese Richtlinien erfüllten bei weitem nicht die Wünsche, die der Beirat auf seiner Tagung Ende November 1919 der Reichsregierung in Form von Resolutionen übersandt hatte.

Nach diesen Richtlinien kann eine Bevorschussung des festgestellten Schadens bis zur Hälfte seiner Höhe, und nur bei ganz besonders schwierigen wirtschaftlichen Verhältnissen des Geschädigten bis zu drei Viertel seiner Höhe erfolgen, während der Beirat für alle Fälle eine Bevorschussung bis zu drei Viertel des festgestellten Schadens verlangt hatte. Ferner legen die Richtlinien der Berechnung des Schadens den Wert zugrunde, den der entzogene oder beeinträchtigte Gegenstand am 25. Juli 1914 hatte. Der Beirat hatte eine Bewertung nach dem Sachwert verlangt, den der Gegenstand zur Zeit der Ersetzung hätte. Bei der ungeheueren Geldentwertung bedeutet diese verschiedene Berechnungsweise eine grundsätzlich andere Behandlung der Entschädigung. Der Beirat verlangte eine Entschädigung nach dem heutigen realen Wert der Sache, die Regierung hält sich an den nominellen Wert der Sache vor dem Kriege, und behandelt die heutige entwertete Papiermark, als trüge sie noch ihren Goldwert wie vor dem Kriege in sich. Allerdings gestatten die Richtlinien zu diesem so berechneten Schaden Zuschläge, wenn es sich bei der Entschädigung um Beschaffung nötigsten Hausrates oder Handwerksgerätes und anderer zur Berufsausübung dienender Gegenstände handelt, und zwar mit der Einschränkung, daß die Entschädigungsssumme nachweislich zu einer derartigen Sachbeschaffung verwandt wird. Aber gerade durch die Aufstellung dieser Ausnahmen unterstreicht die Reichsregierung ihren grundsätzlichen Standpunkt der Bewertung nach dem vorkriegszeitlichen Nominalwert.

Immerhin können nun auf Grund dieser Richtlinien Vorschüsse auf Liquidationsschäden und Beihilfen auf Verdrängungsschäden in gewissem Umfang ausgezahlt werden. Der Begriff „Verdrängungsschäden" ist freilich noch nicht so weit gezogen, daß alle Verdrängungsschäden bei dieser Vorentschädigung erfaßt würden. Sowohl hinsichtlich der Berechnungsweise der Schäden als auch der Festlegung des Begriffes „Verdrängungsschaden" mußte von vornherein unter den Vertriebenen damit gerechnet werden, daß bei der endgültigen Regelung des Schadensersatzes ein gerechteres Vorgehen erfolgen würde. In der Hoffnung auf diese endgültige Regelung gab man sich vorläufig mit dieser Art der Vorentschädigung zufrieden.

Viele Vertriebene haben durch diese Vorentschädigungen die Möglichkeit erhalten, wieder selbst für ihren Lebensunterhalt sorgen zu können. Allerdings bei dieser niedrigen Berechnungsweise des Schadens und der durchschnittlich nur bis zur Hälfte des Schadens ermöglichten Vorentschädigung handelt es sich im Hinblick auf die heutigen Preisverhältnisse um geringe Summen, und die

Vertriebenen mußten hoffen, daß die endgültige Entschädigung bald erfolgen würde, da sie sonst Gefahr liefen, die im voraus erhaltene Summe als Lebensunterhalt verbrauchen zu müssen, weil die Gründung eines Unternehmens oder eines Geschäftes usw., das ihnen ein genügendes Einkommen verschafft hätte, mit dieser Summe zumeist unmöglich war.

Das Entschädigungsgesetz ist bis heute noch nicht erlassen. Zurzeit finden Besprechungen zwischen den verschiedenen zuständigen Reichsministerien und den Vertretungen der Vertriebenen über den Entwurf eines solchen Gesetzes, das vom Wiederaufbauministerium ausgearbeitet worden ist, statt. Bis dieses Gesetz in Kraft gesetzt wird, können noch Monate vergehen. Über zwei Jahre werden seit den ersten Ausweisungen vergangen sein, bis endlich die Vertriebenen wenigstens klar sehen, mit welchen Möglichkeiten sie für den Wiederaufbau ihrer Existenz rechnen können. Bis sie den Ersatz ihrer Verluste in Händen haben, werden weitere Monate vergehen. Wieviel Verbitterung durch dieses Hinauszögern in der Entschädigungsfrage gesät worden ist, läßt sich leicht denken. Und ob die elsaß-lothringischen Flüchtlinge einigermaßen durch die kommende Regelung der Entschädigung in die Lage versetzt werden, sich entsprechend ihrer früheren Lebensstellung und Lebenhaltung — selbstverständlich der allgemein in Deutschland gesunkenen Lebenshaltung angepaßt — in die deutsche Volkswirtschaft einzugliedern, muß sehr bezweifelt werden.

Laut Zeitungsnachrichten[1]) hat der Finanzminister eine Aufstellung vorgelegt, nach welcher die Entschädigungen an Reichsdeutsche auf Grund von erlassenen oder in Ausarbeitung befindlichen Entschädigungsgesetzen sich auf etwa 130 Milliarden Mark belaufen sollen. Eine solche Summe von Entschädigungen kann das Reich bei seiner heutigen bereits annähernd 300 Milliarden Mark betragenden Schuldenlast nicht auf sich nehmen. Nun muß man bedenken, daß in dieser Ziffer von 130 Milliarden Mark

1) (Els.-Lothr. Mitteilungen, Jahrg. II [1920], Nr. 41).

auch die Entschädigung all des Besitzes sich befindet, den die in Deutschland seßhaften Deutschen z. B. durch den Verlust unserer Handelsflotte oder durch sonstige auf Grund des Friedensvertrages erfolgte Ablieferungen erlitten haben. Es muß verlangt werden, daß Abstriche an den Entschädigungsforderungen, wenn unbedingt notwendig, zuerst bei diesen seßhaften Deutschen vorgenommen werden, da diese vorwiegend durch solchen Verlust nicht in ihrer Existenzgrundlage erschüttert werden. Für die Vertriebenen, die zum großen Teil alles verloren haben, muß in erster Linie gesorgt werden.

Bis heute können die Vertriebenen, wie gesagt, nur gewisse Abschlagszahlungen auf ihre Forderungen erhalten, abgesehen von den Fällen, wo der erlittene Schaden nicht mehr als 5000 M. beträgt. Bis zu 5000 M. dürfen die Entschädigungsforderungen, wenn ihre Richtigkeit festgestellt ist, voll ausgezahlt werden. Die Feststellung der Liquidations- und Verdrängungsschäden im Sinne der Richtlinien vom 9. Januar 1920 erfolgt durch dieselben Ausschüsse, die bereits Ende 1919 zur Feststellung der Kriegsschäden errichtet worden sind. Ihre Zahl — anfangs acht Ausschüsse und ein Oberausschuß — genügte nicht, weshalb ihre Zahl im Laufe des Frühjahrs 1920 durch Verordnung des Reichsministeriums des Innern auf 21 Ausschüsse und einen Oberausschuß erhöht worden ist. Diese Ausschüsse bestehen aus einem Richter und dessen Stellvertreter, einem Reichskommissar, der die Interessen des Reiches vertritt, einem amtlichen Sachverständigen und einer Anzahl von Laienmitgliedern aus den Reihen der Vertriebenen, die jedoch nur zu besonders gelagerten Fällen herangezogen werden.

Bis 1. Oktober 1920 sind 19758 Anträge auf Vorschüsse und Beihilfen für Liquidations- und Verdrängungsschäden bei diesen Ausschüssen eingelaufen. An Vorschüssen und Beihilfen sind von den Ausschüssen bis 1. Oktober 1920 insgesamt: 56237759 M. zur Anweisung gelangt, welche Summe nur einen kleinen Bruchteil der von den Vertriebenen erlittenen Verluste darstellt.

Hervorzuheben ist ein besonderer Fall der Vorentschädigung, der völlig außerhalb des allgemeinen Bevorschussungsverfahrens steht.

Am 17. Januar 1920 brachte die Berliner Börsenzeitung die Nachricht, daß den deutschen Gesellschaften der lothringischen Schwerindustrie, deren industrielle Anlagen und Bergwerke von Frankreich bereits liquidiert waren, vom Reichsfinanzministerium 500 Millionen als Vorschuß auf ihre Entschädigungsansprüche an das Reich bewilligt worden seien. Die Allgemeinheit der Vertriebenen wurde durch diese Nachricht in heftigste Empörung versetzt. In einer Flut von Protesten an die Reichsministerien wurde darauf hingewiesen, daß ausgerechnet in dem Augenblick, wo die Reichsregierung durch die Richtlinien vom 9. Januar 1920 die Masse der Vertriebenen mit völlig ungenügenden Vorschüssen abspeise, zu deren Auszahlung zeitraubende Feststellungsverfahren nötig seien und noch nicht einmal die Mittel bereitgestellt seien, das Reichsfinanzministerium, dem jede Mark an Entschädigung für die Masse der Flüchtlinge abgerungen werden müsse, den lothringischen Großindustriellen unter Umgehung des für elsaß-lothringische Angelegenheiten zuständigen Reichsministeriums, des Reichsministeriums des Innern, eine halbe Milliarde Mark gewähre. Eine solche einseitige Interessenberücksichtigung müsse auf das schärfste gebrandmarkt werden.

Diese Entrüstung unter den Vertriebenen ist nur zu gut zu verstehen. Das Verkehrte im Vorgehen des Reichsfinanzministeriums war freilich nicht die Auszahlung der 500 Millionen Mark an die lothringische Schwerindustrie, sondern das Verweigern jeglicher größeren Entschädigungsmittel an die große Masse der Flüchtlinge. Denn an dieser ablehnenden Stellung des Reichsfinanzministeriums ist bisher vor allem eine befriedigende Lösung der Entschädigungsfrage gescheitert.

Sicherlich war die rasche Entschädigung der großen Unternehmungen der lothringischen Schwerindustrie eine volkswirtschaftliche Notwendigkeit. Die Berg- und Hüttenwerke, die seit Ausgang des 19. Jahrhunderts in Lothringen von deutscher Seite gegründet wurden, gehörten fast ausnahmslos Gesellschaften, die bis dahin ihren Standort vollkommen im rheinisch-westfälischen Industriegebiet gehabt hatten. Ihren Besitz an Kohlenbergwerken und Hüttenwerken im rheinisch-westfälischen Gebiet haben diese Gesellschaften auch nach Gründung großer Unternehmungen in Lothringen nicht abgestoßen, im Gegenteil vergrößert, denn durch die Verbindung der lothringischen Erzbergwerke und der Kohlenzechen im Ruhrgebiet in eigenem Besitz war ihre Produktion am besten gesichert. Nun diesen Unternehmungen der lothringische Besitz entrissen ist, verwenden sie die Entschädigung, die sie für diesen Verlust vom Reich erhalten, zur Erweiterung ihrer Unternehmungen in Rheinland-Westfalen. Die Auszahlung der Vorentschädigung wurde auch folgerichtig von der Reichsregierung an die Bedingung geknüpft, daß diese Summe zur Erhöhung unserer Kohlenproduktion verwandt werde, und daß vor allem aus diesen Mitteln Arbeiterwohnungen gebaut werden sollten. Ganz besonders wurde diesen Gesellschaften die Verpflichtung auferlegt, ihre aus Elsaß-Lothringen vertriebenen Arbeiter und Angestellten wenn irgendmöglich in ihren rechtsrheinischen Betrieben wieder zu beschäftigen und anzusiedeln.

Die Erfüllung dieser Bedingungen wird von der Reichsregierung überwacht. So muß diese in der Entschädigung der Vertriebenen getroffene Maßnahme sowohl im Hinblick auf die gesamte Volkswirtschaft als auch auf die Vertriebenen selbst als eine in jeder Beziehung zweckmäßige anerkannt werden. Dies wurde auch von den Flüchtlingen zugegeben. Erbitterung herrschte nur darüber, daß nicht auch in anderen Punkten das Reichsministerium in dieser Weise vorging. Eine ausreichende und rasche Vorentschädigung von kleinen Unternehmern, Kaufleuten und Angehörigen freier Berufe mußte ebenfalls als volkswirtschaftlich zweckmäßig erachtet werden, von der psychischen Seite ganz abgesehen.

Es ist nicht zu verkennen, daß die Feststellung der Schäden, die ein großindustrielles Unternehmen durch die

Liquidation seines Besitzes erlitten hat, viel rascher durchführbar ist, als beispielsweise die Feststellung der Verdrängungsschäden eines Arztes, die sich aus Verlust der Praxis, der Verschleuderung von Mobiliar und Valutaverlusten zusammensetzen. Trotzdem erscheint die Ansicht unbedingt berechtigt, daß das Finanzministerium in der Entschädigungsfrage versagt hat. Dies Urteil wird einheitlich von allen Vertriebenen gefällt, die an Verhandlungen über diese Frage teilgenommen haben. Die Entschädigung der Vertriebenen wurde immer wieder hinausgezögert und völlig ungenügend durch vorläufige Regelung abgetan.

Beim Überprüfen der Gesetze und Verordnungen, die für die Entschädigung der vertriebenen Elsaß-Lothringer eine Bedeutung haben könnten, wird man leicht zu dem Glauben verführt, die Liquidationsschäden der Flüchtlinge seien schon endgültig in ihrem vollen Umfange auszahlbar.

Am 26. Mai 1920 sind die „Richtlinien für die Festsetzung von Entschädigungen aus Anlaß der Durchführung der Bestimmungen des Friedensvertrages" erschienen. (RGBl. 1920 S. 1101.) Diese Liquidationsrichtlinien sind als Ausführungsbestimmung zu dem von uns bereits auf S. 147 besprochenen Gesetz über „Enteignungen und Entschädigungen aus Anlaß des Friedensvertrages" erlassen worden. Dieses Gesetz trägt das Datum vom 31. August 1919. Neun Monate waren also zwischen der Verkündung des Gesetzes und dem Erlaß der Richtlinien, ohne die das Gesetz praktisch keinen Wert hatte, vergangen. Aber auch diese Liquidationsrichtlinien bedeuten keinen wesentlichen Fortschritt, denn im § 13 dieser Richtlinien heißt es: „Die Verfahrensvorschriften erläßt das Wiederaufbauministerium." Diese Verfahrensvorschriften sind bis heute nicht erschienen. So steht noch immer das ganze Liquidationsgesetz auf dem Papier, ohne in die Wirklichkeit umgesetzt werden zu können. Dieses Liquidationsgesetz hätte eine endgültige Entschädigung der Liquidationsschäden der vertriebenen Elsaß-Lothringer ermöglicht. Da anzunehmen ist, daß nunmehr alle Schäden der Vertriebenen in einem allgemeinen Entschädigungsgesetz für die aus Elsaß-Lothringen vertriebenen Deutschen berücksichtigt werden, brauchen wir auf diese Liquidationsrichtlinien nicht näher einzugehen.

Ob endlich nach 2 Jahren die vertriebenen Elsaß-Lothringer wieder in einigermaßen geregelte Verhältnisse kommen werden, wird davon abhängen, wie weit das hoffentlich in Bälde in Kraft tretende Entschädigungsgesetz den Kreis der zu vergütenden Verluste zieht, und welche Berechnungsweise des Schadens angewandt wird.

Von größter Bedeutung wird es sein, daß durch entsprechende Sonderbehandlung der vertriebenen Elsaß-Lothringer auf dem Gebiet der direkten Steuern Sicherung dagegen geschaffen wird, daß ihnen nicht die Entschädigung, die das Reich mit der einen Hand gewährt, vom Reich mit der anderen Hand auf dem Steuerweg wieder abgenommen wird. Es ist unmöglich, im Rahmen dieser Besprechung aller für die vertriebenen Elsaß-Lothringer getroffenen Maßnahmen diese Steuerfrage eingehend zu behandeln. Auch läßt sich erst entscheiden, welche steuerlichen Sonderbestimmungen für die Vertriebenen erlassen werden müssen, wenn die Grundsätze endgültig festgestellt sind, nach denen die Entschädigung zu erfolgen hat. Entschädigungs- und Steuergrundsätze hängen aufs engste zusammen. Immerhin sollte, solange die volle Entschädigung nicht erfolgt ist, der Flüchtling, der Forderungen an den Staat hat, steuerfrei sein. Von einer solchen Sonderbehandlung ist heute wenig zu bemerken. Und wo eine Sonderbestimmung für die vertriebenen Elsaß-Lothringer in Steuergesetzen aufgenommen worden ist, geschah dies nur nach verzweifelten Anstrengungen der Vertriebenen selbst. So beispielsweise beim Reichsnotopfer.

Diese Sonderbestimmung in der steuerlichen Behandlung der Vertriebenen im Reichsnotopfergesetz hat sich allerdings infolge von Änderungen, die in dem Gesetz vorgenommen wurden, nachdem die Vertretung der Interessen der Vertriebenen die Sonderbestimmung bereits durchgesetzt hatte, aus einem Vorteil zu einem Nachteil für die Vertriebenen gestaltet. Der Entwurf für das Reichsnotopfer sah eine Besteuerung auch des gesamten Hausrats vor. Durch Verhandlungen mit dem Reichsfinanzministerium gelang es den Vertriebenen, daß in einem besonderen Paragraphen in dem Gesetz die Bestimmung aufgenommen wurde, daß für Deutsche, die durch Einwirkungen des Krieges oder infolge der Bestimmungen des Friedensvertrages ihren Hausrat verloren haben, bis zu 50000 M. zur Wiederbeschaffung des nötigsten Hausrates durch das Reichsnotopfer nicht betroffen werden sollten. Dieser § 60 blieb stehen, auch nachdem in der weiteren Beratung des Gesetzes die Besteuerung des Hausrats überhaupt gestrichen worden war. So besteht heute die ungeheuerliche Tatsache, daß der elsaß-lothringische Flüchtling höchstenfalls 50000 M. zur Wiederbeschaffung seines verlorenen Hausrates steuerfrei hat, auch wenn der verlorene Hausrat einen Wert von 100000 M. hatte, während der Inlandsdeutsche einen Hausrat im Werte von mehreren 100000 M. nicht zu versteuern braucht. Solche Sonderbehandlung ist nicht die erwünschte.

Von dem Augenblick an, wo eine angemessene Entschädigung aller Verluste durchgeführt ist, wird eine gleiche steuerliche Belastung der vertriebenen Elsaß-Lothringer mit allen anderen Deutschen als Selbstverständlichkeit erscheinen. Leider ist dieser Augenblick noch nicht gekommen. Und dies ist der Hauptgrund, warum noch heute die Fürsorge für die vertriebenen Elsaß-Lothringer monatlich Millionen verschlingt.

Dieses Hinauszögern der Entschädigung läßt sich nicht wieder gutmachen. Millionen mußten nur aus diesem Grunde für die unproduktive Fürsorge verausgabt werden. Summen, die vor $1^1/_2$ Jahren noch zum Wiederaufbau der zerstörten Existenzen genügt hätten, sind heute nicht mehr ausreichend. Die Aushilfsmittel, wie nötigste Hausratbeschaffung und Darlehensgewährung von niedrigen Beträgen, haben einzelnen Klassen der Vertriebenen helfen können, für viele bedeuteten sie nur ein Überwasserhalten. Die Wartezeit war um so aufreibender für die Vertriebenen, als eine klare gesetzliche Anerkennung der vollen Entschädigungspflicht des deutschen Volkes bis heute nicht erfolgt ist.

e) WIEDERANSTELLUNG DER VERTRIEBENEN BEAMTEN.

Unter solch ungeklärtem Zustand ihrer Lage haben auch die aus Elsaß-Lothringen verdrängten Landes-, Bezirks- und Gemeindebeamten, die Lehrer und Lehrerinnen ganz besonders gelitten. Zwar wurde ihnen, wie bereits mehrfach hervorgehoben wurde, ihr elsaß-lothringisches Gehalt vorläufig vom Reichsministerium des Innern weitergezahlt. Sie waren infolgedessen immerhin in einer bedeutend besseren Lage als die übrigen Vertriebenen. Ihr Verhältnis zum Staate war durch ihre Beamtenstellung ein engeres. Als Beamte hatten sie bis zu ihrer Ausweisung dem Staate gegenüber größere Pflichten zu erfüllen, als die andern Staatsbürger. Nun sie in Not geraten waren, mußte sich der Staat ihnen gegenüber auch besonders verpflichtet fühlen.

Freilich waren alle diese genannten Beamtenkategorien in keinem direkten Verhältnis zum Deutschen Reich gestanden. Zwischen das Reich und den elsaß-lothringischen Beamtenkörper schob sich die elsaß-lothringische Landesregierung ein, und äußerlich betrachtet lagen die Dinge so wie bei allen Bundesstaaten des Deutschen Reiches, daß diese Beamtenschaft in keinerlei Beziehung zum Reiche stand, sondern die gesamte Grundlage ihrer rechtlichen Stellung als Beamter voll und ganz auf den Gesetzen und Verordnungen des betreffenden Bundesstaates beruhte. Aber Elsaß-Lothringen war nur die Fiktion eines Bundesstaates. In der Bezeichnung Reichsland ist seine staatsrechtliche Sonderstellung gekennzeichnet. Auf diese staatsrechtliche, viel umstrittene Frage, ob Elsaß-Lothringen ein Bundesstaat war oder nicht, können wir hier nicht näher eingehen. Bedeutsam ist es für uns, festzustellen, daß Professor Dr. Laband in seinem Werk „Staatsrecht des Deutschen Reiches“ (5. Aufl. Bd. 2. S. 219ff.) bei Untersuchung dieser staatsrechtlichen Stellung Elsaß-Lothringens den Standpunkt vertritt, daß die elsaß-lothringischen Beamten mittelbare Reichsbeamte sind. Diesem Standpunkt ist der Professor der Universität Straßburg Dr. M. Merk in einem Gutachten vom 5. Februar 1919 — also auch nach den neuesten Verfassungsänderungen in Elsaß-Lothringen — beigetreten; ihm hat sich die Rechts- und Staatswissenschaftliche Fakultät der Universität Freiburg am 23. Februar 1919 angeschlossen[1]).

Die Reichsregierung ist dieser Auffassung nicht entgegengetreten, aber sie hat sie auch nicht förmlich anerkannt. Sie zahlte den vertriebenen elsaß-lothringischen Beamten ihr Gehalt, das sie in Elsaß-Lothringen als Landes- oder als Gemeindebeamte erhalten hatten, weiter, aber mit dem Bemerken „vorläufig bis zur endgültigen Regelung". Nicht als Recht, sondern als Gnade erschien somit diese Weiterzahlung. Und in welcher Weise eine endgültige Regelung erfolgen würde, wurde völlig im Dunkel gelassen.

Das Reich verhandelte mit den einzelnen Ländern, um zu erreichen, daß jedes Land die elsaß-lothringischen Beamten seiner Staatsangehörigkeit entsprechend in seine Dienste übernehmen sollte. Einzelne Länder hatten diesen Weg schon beschritten, bevor das Reich es ihnen nahelegte. So muß hervorgehoben werden, daß Hessen bereits im Januar 1919 die Verpflichtung anerkannt hat, denjenigen aus Elsaß-Lothringen ausgewiesenen oder geflohenen Beamten zu helfen, welche aus Hessen stammen oder vornehmlich zu Hessen nähere Beziehung haben. Der hessische Staat werde versuchen, die Landesbeamten im Staatsdienst, die Gemeindebeamten im Kommunaldienst unterzubringen. Baden regelte in ähnlicher Weise die Übernahme der elsaß-lothringischen Landesbeamten mit badischer Staatsangehörigkeit gesetzlich im Frühjahr 1919.

Aber eine einheitliche sofortige Übernahme aller elsaß-lothringischen Beamten im weitesten Sinn durch die Län-

---

1) Die Gemeinschaft, Sonderausgabe für els.-lothr. Beamte, Nr. 3, Jahrg. 1 [1919]).

der konnte das Reich nicht durchdrücken, weil einige Länder Schwierigkeiten machten, so vor allem Bayern, das sich bis Juni 1919 auch weigerte, die elsaß-lothringischen Eisenbahnbeamten bayrischer Staatsangehörigkeit in seinen Beamtenkörper einzustellen.

Mit der Anerkennung der Verpflichtung, die elsaßlothringischen Beamten auf Grund ihrer Staatsangehörigkeit zu übernehmen, war es natürlich nicht getan. Diese Verpflichtung mußte auch zu einer möglichst baldigen Einstellung in den Dienst führen, und zwar in Stellen, die den von den betreffenden Beamten in Elsaß-Lothringen innegehabten dem Range und der Gehaltstufe nach entsprachen. Außerdem mußte dafür gesorgt werden, daß den elsaßlothringischen Beamten, die nur die elsaß-lothringische Staatsangehörigkeit besaßen, ebenfalls ein Unterkommen gesichert wurde. Diese letzteren mußten der Bevölkerungszahl der Länder entsprechend auf diese verteilt werden.

Eine endgültige, alle Fragen umfassende gesetzliche Regelung ist hinsichtlich der Unterbringung der elsaßlothringischen Beamten bis heute nicht erfolgt. Einen gewissen Teil haben Reich und Länder in ihre Dienste übernommen. Die Mehrzahl ist heute noch nicht fest übernommen, ein großer Teil hat noch keine Beschäftigung gefunden.

Allen noch unbeschäftigten Beamten zahlt das Reich vorläufig ihre Gehälter weiter aus. Das Bedauerliche ist, daß diese Gehälter weit hinter den Sätzen zurückbleiben, die im Reich und Ländern heute der Besoldung der Beamten zugrunde liegen. Bei der Besoldungsreform der Reichsbeamten dieses Jahres wurden die elsaß-lothringischen Beamten nicht berücksichtigt, trotzdem gerade diese Beamten mit ihren Familien sich in besonders schwierigen Verhältnissen befinden. Als es dem Bund der elsaß-lothringischen Landesbeamten usw. endlich Anfang August 1920 gelungen war, die Versicherung von seiten des Reiches zu erhalten, daß in den nächsten Wochen in einem Nachtrag zur Reichsbesoldungsreform auch der vertriebenen elsaß-lothringischen Beamten gedacht werden solle, wurde diese Regelung wieder verschoben, weil eine nochmalige völlige Neuordnung der Besoldung der Reichsbeamten bevorstehe, und nun die vertriebenen elsaß-lothringischen Beamten im Rahmen dieser Neuregelung behandelt werden sollen. Wie zu erwarten war, nimmt diese Neuregelung Monate in Anspruch. Eine Besserung der Lage der vertriebenen elsaß-lothringischen Beamten ist immerhin auf die Weise erreicht worden, daß seit September 1920 die Auszahlung ihres Gehalts mit gewissen Vorschüssen auf die zu erwartenden neuen Gehaltssätze erfolgt.

Am 1. September 1920 betrug die Zahl der aus Elsaß-Lothringen ausgewiesenen oder ausgewanderten Landesbeamten, Gemeindebeamten und Lehrer:

6270.

Davon waren von Reich und Ländern und Gemeinden

wieder fest angestellt	1882
vorübergehend beschäftigt	2570
nicht beschäftigt	1818

Am schwerwiegendsten ist hinsichtlich dieser Unterbringung der elsaß-lothringischen Beamten, daß noch heute annähernd 2000 keinerlei Beschäftigung gefunden haben. Diese erzwungene Beschäftigungslosigkeit ist bei den Beamten ebenso bedauerlich, wie bei einem großen Teil von Vertriebenen aus anderen Berufen. Diese erhält das Reich durch Fürsorge, jene durch Zahlung ihrer Gehälter, ohne daß sie irgendeine Funktion in der Produktion in unserer Wirtschaft erfüllen.

Wir haben im zweiten Teil dieser Untersuchung bei Betrachtung der wirtschaftlichen Notlage unseres Vaterlandes und der Entwicklung, die unsere Volkswirtschaft zu ihrer Kräftigung erfahren muß, hervorgehoben, daß eine Umschichtung unserer nationalen Arbeitskräfte nach der Urproduktion hin erfolgen muß. So könnte man versucht sein, diese elsaß-lothringischen Beamten, deren Unterbringung in unserem bereits stark übersetzten Beamtenkörper Schwierigkeiten macht, zur Arbeit in die Urproduktion überzuleiten.

Solches Vorgehen wäre jedoch wirtschaftlich unsinnig und rechtlich unmöglich.

Es ist wirtschaftlich nicht möglich, wahllos Tausende von arbeitsfähigen Männern in die Landwirtschaft oder in die Kohlenzechen zu kommandieren, und es geht rechtlich nicht an, Beamte, denen gegenüber der Staat oder andere öffentliche Körperschaften sich vertraglich gebunden haben, von einem Tag zum andern ihrer Rechte zu berauben.

Allerdings bei der Übernahme der Vertriebenen hätte durch eine großzügig angelegte Zentralstelle mit Sammellagern versucht werden müssen, alle Flüchtlinge so zu beeinflussen, daß sie einen unserer wirtschaftlichen Entwicklung günstigen Berufswechsel vorgenommen hätten. Auch unter den Beamten, vor allem in den unteren und mittleren Klassen, hätten sich Männer finden lassen, die Möglichkeiten zum Berufswechsel, wie ländliche oder halbländliche Siedelungen mit industrieller Erwerbsmöglichkeit, genutzt hätten, wenn ihnen das Reich durch Kapitalisierung ihrer Gehaltsansprüche ihr Recht und dadurch die nötigen Mittel gewährt hätte. Ein solches Vorgehen wurde nicht versucht. Nun muß für Unterbringung dieser Beamten als Beamte gesorgt werden.

Man hört immer wieder von der Neueinstellung von Beamten. Sind die vertriebenen elsaß-lothringischen Beamten unfähig zur Besetzung dieser Stellen? Weniger die Unfähigkeit steht dieser Unterbringung im Wege — freilich Bayern z. B. hat lange Zeit in verschiedenen Verwaltungszweigen von den elsaß-lothringischen Beamten Nachexamen verlangt! — als vielmehr der Föderalismus unseres staatlichen Aufbaus. In einem Einheitsstaat hätte die zentrale Instanz ganz andere Möglichkeiten für die Unterbringung einiger Tausend Beamte besessen.

In unserem hier vorliegenden Falle besteht kein völlig klares rechtliches Verhältnis, und ferner ist es dem Reich, dem Staat ohne Land — wenigstens praktisch genommen ohne Land — unmöglich, diese Beamten anzustellen, auch wenn die Verpflichtung dazu aus ihrem Charakter als mittelbare Reichsbeamte anerkannt wird. Allerdings besitzt das Reich z. B. durch die gewaltige Ausdehnung seiner Finanzhoheit heute verschiedene Verwaltungszweige, in die es die elsaß-lothringischen Beamten eingliedern kann. Im übrigen aber muß erreicht werden, daß sich die Länder der vertriebenen elsaß-lothringischen Beamten annehmen.

Wie viel leichter und reibungsloser eine Übernahme der vertriebenen elsaß-lothringischen Beamten gewesen wäre, wenn ein einheitlicher großer Staat hinter ihnen gestanden hätte, läßt sich durch ein Beispiel unter den Vertriebenen selbst am klarsten ersehen, und zwar an der Übernahme der aus Elsaß-Lothringen verdrängten Reichseisenbahn- und Reichspostbeamten. Gegenüber diesen Beamtenkategorien stand die Verantwortlichkeit des Reiches von vornherein fest, und das Reich hatte auch die Möglichkeit, sie in den großen Betrieben der Reichseisenbahn — die Staatsbahnen sind bekanntlich 1920 auf das Reich übergegangen — und der Reichspost unterzubringen.

Bis Mitte September 1920 waren seit November 1918 rund 4000 Eisenbahnbeamte aus Elsaß-Lothringen ausgewiesen oder ausgewandert.

Davon waren Mitte September 1920 bereits 3900 in den preußischen oder süddeutschen Eisenbahndienst übernommen worden. Rund 40 sind in den Ruhestand getreten. Wegen der Übernahme der übrigen 60 schwebten noch Verhandlungen.

An deutschen Eisenbahnarbeitern waren bis Mitte September 1920 2800 ausgewiesen, 2750 von den verschiedenen Eisenbahnverwaltungen wieder in Stellung genommen, 30 pensioniert, der Rest von 20 Arbeitern hat seinen Dienst nicht wieder angetreten.

An Reichspostbeamten waren bis Mitte August 1920 rund 1300 ausgewiesen. Sie sind sämtlich nach deutschen Postämtern versetzt worden.

Man nimmt gewiß mit Recht an, daß ohne die föderalistischen Hemmungen und die rechtliche unklare Stellung der vertriebenen elsaß-lothringischen Beamten deren Unterbringung ebenso rasch erfolgt wäre, als die der Eisenbahn- und Postbeamten.

Bei den Beamten hat das Hinauszögern der Entschädigung, die sie vom Reich in Form einer Wiederanstellung zu Recht verlangen, in gleicher Weise Arbeitskräfte brachgelegt, wie innerhalb anderer Berufsgruppen unter den Vertriebenen.

Der Mangel einer für größere Aufgaben eingerichteten Übernahme und die Verschleppungsmethode in der Entschädigungsfrage haben es mit sich gebracht, daß die Lage der Vertriebenen noch heute in weitem Maße wirtschaftlich ungefestigt ist. Doch bevor wir zu einer Gesamtbeurteilung aller für die vertriebenen Elsaß-Lothringer getroffenen Hilfsmaßnahmen übergehen, müssen wir noch ein besonderes Problem berühren, das heute beim Wiederaufbau einer Existenz eine ungeheuer wichtige Rolle spielt: die Wohnungsnot.

f) UNTERBRINGUNG DER VERTRIEBENEN IN WOHNUNGEN UND SIEDELUNGEN.

Auch in der Vorkriegszeit hat sich die Wohnungsfrage, die den Staatsmann und den Volkswirtschaftler in erster Linie in ihrer hygienischen und ihrer preistechnischen Seite beschäftigte, von Zeit zu Zeit an den verschiedensten Orten sowohl in Deutschland als auch in anderen Volkswirtschaften zu einer Wohnungsnot verdichtet. Es konnte vorkommen, daß an einem bestimmten Ort infolge besonders günstiger Erwerbsmöglichkeiten eine so rasche Konzentration von Menschen vor sich ging, daß der Bau von Wohnungen nicht Schritt halten konnte, und hierdurch eine Wohnungsknappheit eintrat, die sich bis zur Wohnungsnot steigerte. Diese Erscheinung können wir in Deutschland während des raschen Emporblühens der Industrie deutlich verfolgen. Oder aber die Art des Bauens, beeinflußt durch Bauordnungen, sowie verschiedene preisbildende Faktoren, wie Regelung des Grundstückserwerbs, des Hypothekenrechtes, trat in so ungesunde Bahnen ein, daß die Wohnungsfrage sich auf ihrer hygienischen Seite zu einer Wohnungsnot steigerte. Doch immer handelte es sich nur um eine spezielle Wohnungsnot innerhalb einer Volkswirtschaft,

d. h. nicht die Wohnungsverhältnisse aller Klassen, und nicht die Wohnungsbedingungen allerorten waren solche, daß von einer Wohnungsnot gesprochen werden mußte, sondern nur an einzelnen Stellen, in den Industriezentren, und nur für einzelne Klassen, so vor allem für die Arbeiterklassen, war die Wohnungsfrage in ein kritisches Stadium getreten.

Heute haben wir in Deutschland — auch in den anderen Ländern großenteils — eine allgemeine Wohnungsnot, wie sie wohl ein Kulturvolk nie gekannt hat. In Stadt und Land fehlt die Möglichkeit, die Bevölkerung zweckmäßig unterzubringen. Wir haben bereits im zweiten Teil unserer Untersuchung darauf hingewiesen, daß diese Wohnungsnot durch das Stilliegen des Baugewerbes im Kriege und die Unmöglichkeit seiner genügenden Wiederbelebung nach dem Kriege infolge der ungeheuren Preissteigerung, d. h. unserer Armut, verursacht worden ist.

Den vertriebenen Elsaß-Lothringern soll die Neugründung der Existenz ermöglicht werden. Durch Anstellung der Beamten, durch Ersatzleistung für die erlittenen Verluste an die Angehörigen der freien Berufe, an die Selbständigen in Landwirtschaft, Industrie und Handel, sowie durch Arbeitsvermittlung für die Arbeiter und Angestellten wird nur die eine Hälfte der Grundlage einer Existenz geschaffen, die Arbeits- und Erwerbsmöglichkeit. Die Wohngelegenheit muß hinzutreten.

Der Mangel an Wohnung tritt nun allerdings nicht allein für die nach Deutschland neu Hinzuziehenden auf. Jeder Deutsche, der seinen Wohnort oder auch nur seine Wohnung am selben Ort aus beruflichen und anderen Gründen ändern muß, leidet unter der Wohnungsnot. Reich, Länder und Gemeinden suchen diesen Wohnungsmangel durch Gewährung von Zuschüssen für Neubauten und Umbauten von Häusern zu beheben, indem sie durch Baukostenzuschüsse die Kosten und das Risiko für den privaten Bauherrn so herunterzudrücken suchen, daß eine Wiederbelebung des Baugewerbes ermöglicht wird. Über zwei Milliarden Baukostenzuschüsse sind auf diese Weise schon von Reich, Ländern und Gemeinden ausgezahlt worden (s. S. 47), und doch dauert die Wohnungsnot an, weil bei den heutigen Baupreisen auch Baukostenzuschüsse vom mehrfachen als dem gewährten Betrag eine Bautätigkeit, wie sie nach sechsjährigem Stillstand vonnöten wäre, nicht hervorrufen können. In der Hauptsache muß eine Senkung der Wohnungsansprüche eintreten, um für die nächste Zukunft alle Deutschen in Wohnungen unterbringen zu können, daneben muß selbstverständlich durch möglichst vereinfachte und billige Bauweise auch auf dem Wege von Neubauten weitergeschritten werden, schon deshalb, um eine stärkere Besiedelung des platten Landes herbeizuführen, um eine großzügige innere Kolonisation durchführen zu können.

Reich, Länder und Gemeinden helfen dem einzelnen im Kampf gegen die Wohnungsnot. Daraus ergibt sich, daß der vertriebene Elsaß-Lothringer sich auch in der Wohnungsfrage in besonders schwerer Lage befindet. Es liegt auf der Hand, daß Länder, und vor allem Gemeinden, in erster Linie der ortsansässigen Bevölkerung zu helfen suchen, und zugezogene Flüchtlinge erst weiterhin berücksichtigen, wenn sie nicht überhaupt den Zuzug verhindern.

Die Wohnungsverhältnisse in den einzelnen Gemeinden sind so überaus schwierige, daß solches Vorgehen, so sehr es zu verwerfen ist, begreiflich ist. Der einzelne Gemeindevorstand denkt zuerst an die eigenen Gemeindebürger. Die Lösung sozialer, kultureller und politischer Aufgaben, die über die Grenzen der Gemeindemarkung und der Länder hinausgreifen, muß die Zentralinstanz, das Reich, selbst lösen und kann sie nicht dem Wohlwollen der lokalen Behörden überlassen.

Die Verordnung betreffend den Zuzug von ortsfremden Personen und Flüchtlingen vom 23. Juli 1919 (RGBl. 1919 S. 1353) konnte nur einen vorübergehenden Notbehelf schaffen. Sie verpflichtet Gemeinden und Gemeindeverbände, Deutschen, die unter Einwirkung des Krieges aus dem Ausland oder aus einem vom Feinde besetzten oder infolge des Friedensschlusses aus dem Reichsgebiet ausscheidenden oder einer anderen Verwaltung unterstehenden Landesteile geflüchtet oder vertrieben sind, den Zuzug zu gestatten, und ermächtigt die Landeszentralbehörden, den Gemeinden die Genehmigung zu erteilen, soweit erforderlich, für diese Person Naturalquartier auf Grund des Gesetzes über Kriegsleistungen vom 13. Juni 1873 zu schaffen. Für eine dauernde Unterbringung war diese Verordnung nicht ausreichend, so sehr sie zur Linderung der Not der Vertriebenen zu begrüßen war. Wieweit allerdings die Gemeinden diese Verordnung befolgten, ist sehr fraglich. Es gab noch Mittel genug, den Flüchtlingen das Leben so schwer zu machen, daß sie sich zum Wechsel ihres Aufenthaltes entschlossen, wenn sie noch keine Arbeit gefunden hatten.

Durch das Gesetz über „Maßnahmen gegen Wohnungsmangel“ (RGBl. 1920 S. 949) vom 11. Mai 1920 wurde den Gemeinden in § 9c vorgeschrieben, Deutsche, die unter Einwirkung des Krieges aus dem Ausland oder aus einem vom Feinde besetzten oder infolge des Friedensschlusses aus dem Reichsgebiet ausscheidenden oder einer anderen Verwaltung unterstehenden Landesteile geflüchtet oder vertrieben sind, bei der Unterbringung der Wohnungsuchenden vorzugsweise zu berücksichtigen.

Es ist gewiß erfreulich, daß das Wohnungsgesetz eine besondere Berücksichtigung der Flüchtlinge vorschreibt. Aber diese Anordnung hat praktisch wenig Bedeutung. Das Reich darf die Sorge um die Flüchtlinge nicht lokalen Behörden überlassen, die trotz aller Vorschriften ihre egoistischen und nicht die Ziele der ganzen Volksgemeinschaft verfolgen werden. Der Begriff „vorzugsweise Berücksichtigung“ läßt sich von den Gemeinden in verschiedenster Richtung dehnen. Das Reich muß selbst wirksame Hilfe leisten. Es muß die Lasten, die bei Neubauten zum Teil durch Zuschüsse vom Reich, Ländern und Gemeinden übernommen werden, bei den vertriebenen Elsaß-Lothringern selbst übernehmen. Es muß den vertriebenen Elsaß-Lothringern außerdem größere Zuschüsse zukommen lassen, als anderen Staatsbürgern zu Neubauten gewährt werden, weil durchschnittlich der Flüchtling, ohne die Möglichkeit eine Heimstätte errichten zu können, sich in noch trostloserer Lage befindet, als der ansässige Deutsche, und dieser in vielen Fällen in enger Beziehung zu Unternehmungen und Kreditinstituten steht, deren Hilfe zu erhalten für den elsaß-lothringischen Vertriebenen, der nur Forderungen für Verluste, aber keine sicheren Werte als Garantie bieten kann, viel schwieriger ist.

Die Frage, ob das Deutsche Reich in besonderem Maße für die Schaffung von Wohngelegenheit für die Vertriebenen eintreten mußte, ist eindeutig vom Reiche selbst in den genannten Verordnungen und Gesetzen bejaht worden. Nur die Durchführung dieser Unterstützung wurde lange Zeit in ungenügender Weise vorgenommen. Welche verschiedenen Wege konnte die Reichsregierung in dieser Angelegenheit einschlagen?

Den begangenen Weg der einfachen Übertragung der Unterbringung der Vertriebenen an die lokalen Behörden müssen wir verwerfen. Bei der Verteilung der Baukostenzuschüsse auf die einzelnen Länder soll das Reich eine besondere Berücksichtigung der Länder vorgenommen haben, in denen sich besonders viele Flüchtlinge niedergelassen haben. Aber eine Garantie dafür, daß die Flüchtlinge nun auch von den Ländern bei Verteilung der Zuschüsse bevorzugt wurden, bestand nicht. Es soll nicht daran gezweifelt werden, daß mancher Flüchtling auf dem Wege über die allgemeinen Baukostenzuschüsse zu einem neuen Heim gekommen ist. Aber eine Sicherheit dafür, daß die Vertriebenen in besonderem Maße mit Bauzuschüssen bedacht wurden, konnte nur erreicht werden, wenn man entweder:

1) den Ländern besondere Mittel zur Verfügung stellte, die nur für die Vertriebenen verwandt werden durften, und die Teile, die an den Baukostenzuschüssen von Land und Gemeinde zu tragen sind, auf das Reich übernahm, oder

2) den sich bildenden Siedlungsunternehmungen der vertriebenen Elsaß-Lothringer besondere Mittel zur Verfügung stellte.

Über ein Jahr haben die aus dem Kreise der Flüchtlinge hervorgegangenen Siedelungsgesellschaften, der Hilfsbund, der Beirat und die Abteilung für Elsaß-Lothringen im Reichsministerium des Innern, einen Vorstoß nach dem andern gegen das Reichsfinanzministerium unternommen, um eine Lösung des Siedelungsproblems im Sinne einer dieser beiden Richtungen durchzusetzen. Durch Gründung der gemeinnützigen zentralen Siedelungsgesellschaft „Neue Heimat" und Bewilligung größerer Mittel an diese durch das Reich wurde endlich im Juli 1920 sehr zu Recht der zweite Weg beschritten.

Die vertriebenen Elsaß-Lothringer verteilen sich über das ganze Reich. Eine Zentralinstanz muß sich ein Bild darüber verschaffen, in welchen Gegenden die Flüchtlinge am schwersten unter der Wohnungsnot leiden, und muß dort in besonderem Maße helfen. Fände eine Verteilung von Baukostenzuschüssen zur Verwendung für die Vertriebenen an die Länder und Gemeinden rein prozentual nach der Zahl der dort zugezogenen Flüchtlinge statt, so wäre es leicht möglich, daß Gemeinden mit weit besseren Wohnungsverhältnissen gegenüber solchen mit den allerschlechtesten in völlig unzweckmäßiger Weise einen höheren Anteil erhalten würden. Als Zweites, noch Wichtigeres, kommt hinzu, daß eine solche Siedelungszentrale in der Lage ist, die Fehler, die bei der Übernahme der Vertriebenen begangen worden sind, bis zu einem gewissen Grad zu korrigieren. Die Zentralstelle ist in der Lage, sich einen Überblick darüber zu verschaffen, in welcher Gegend und an welchem Ort die Entwicklungsmöglichkeiten für eine Siedelung vertriebener Elsaß-Lothringer die besten sind, und sie kann dafür sorgen, daß sich eine Verschiebung von Flüchtlingen nach dieser Stelle hin vollzieht. Besteht keine solche Zentrale, so werden sich z. B. die vertriebenen Landwirte in den Ländern und den Gemeinden neu ankaufen, in die sie verwandtschaftliche Beziehungen oder aber der Zufall verschlagen hat. Eine Zentrale macht ausfindig, daß in der Nähe eines ehemaligen Schießplatzes ausgezeichnete und billige Ansiedelungsmöglichkeit für

Landwirte gegeben ist, und wird durch richtige Verwendung ihrer Mittel die vertriebenen Landwirte nach dieser Gegend zu ziehen wissen.

Das Siedelungsproblem ist nun freilich hinsichtlich der vertriebenen Elsaß-Lothringer nicht das heute allgemein unter „Siedelung“ verstandene Problem der inneren Kolonisation. Es ist ein viel mannigfaltigeres. Es umfaßt jegliche Wohnungs- und Arbeitsbeschaffung für die Vertriebenen in Stadt und Land, welchen Berufen auch immer sie angehören mögen. Eine neue Heimat können die Vertriebenen nur finden, wenn sie Heimstätte und Arbeitsgelegenheit in völliger Verbindung erhalten. Wo die Wohnung fehlt, muß diese geschaffen werden, wo es an Arbeitsgelegenheit mangelt, gilt es, hierfür die nötigen Grundlagen zu schaffen. Alle Wohnung- und Arbeitsuchenden muß die Siedelungszentrale für die vertriebenen Elsaß-Lothringer um sich sammeln. Sie steht heute vor der Aufgabe, die bereits der Übernahme der Flüchtlinge gestellt war, und von ihr nicht erfüllt wurde, allen Vertriebenen, die nicht in der Lage sind für sich zu sorgen, Wohnung und Arbeit zu vermitteln.

Alle Vertriebenen, die in $1^1/_2$-jährigem Kampf die Neugründung ihrer Existenzen nicht erreichen konnten, wenden sich um Hilfe an diese Zentrale. Sie ist nicht nur in der Lage, eine zweckmäßige Verteilung dieser Vertriebenen zu erreichen, sie kann auch mitarbeiten an der Dezentralisierung unserer Industrie und auch jetzt noch Einfluß auf einen möglichen Berufswechsel Vertriebener ausüben. Zur Verdeutlichung einige Beispiele.

Die Zentralsiedlungsgesellschaft erfährt von einem in seinen Produktions- und Absatzbedingungen gesicherten Sägewerk in einer Dorfgemeinde Thüringens. Ein weiterer Ausbau dieses Unternehmens scheitert an dem Mangel an Wohnungen für die Arbeiter und an der Unlust der Arbeiterschaft aufs Land zu ziehen. Die elsaß-lothringische Siedelungsgesellschaft vereinbart mit dem Unternehmer, sich mit Kapital an der Errichtung von Heimstätten in dem betreffenden Dorfe zu beteiligen, wenn er sich verpflichtet, Vertriebene in seinen Betrieb einzustellen, und die Heimstätten im Besitz der Siedelungsgesellschaft verbleiben. Durch Umfrage unter den vertriebenen elsaß-lothringischen Handwerkern, Industriearbeitern und Angehörigen anderer Berufe ermittelt die Siedelungsgesellschaft, daß 80 Familien für diese Siedelungen in Betracht kommen. Sie sucht die geeignetsten Elemente aus und beginnt mit dem Ausbau dieser Siedelung, die vollkommen von Vertriebenen, Architekten, Bauunternehmern, Bauarbeitern, unter Hinzuziehung der Siedler selbst, ausgeführt wird. Durch Errichtung der Heimstätten in halbländlicher Siedelung, d. h. durch Zuteilung von 1—2 Morgen Land zu jeder Heimstätte, wird den Vertriebenen die Möglichkeit gegeben, sich mit dem nötigsten Lebensunterhalt selbst zu versorgen, und hierdurch gleichzeitig die intensivere Ausnutzung unseres landwirtschaftlichen Bodens angestrebt.

Im Kohlenbergbau ist Mangel an Arbeitskräften. Durch Verabredung mit Unternehmern gelingt es der Siedelungsgesellschaft, elsaß-lothringische Vertriebene, die bisher nicht im Bergbau tätig waren, zu Arbeiten unterzubringen, zu denen sie keiner besonderen Vorkenntnisse bedürfen und sich allmählich zu Bergarbeitern ausbilden können. Die Siedelungsgesellschaft gibt einem Unternehmer einen bestimmten Baukostenzuschuß zum Bau von Arbeiterwohnungen unter der Bedingung, daß er sich verpflichtet, in diese Wohnungen während einer bestimmten Reihe von Jahren nur elsaß-lothringische Flüchtlinge aufzunehmen. Vertriebene aus den Arbeiterkreisen ergreifen diese Gelegenheit, wieder seßhaft zu werden, und unsere Kohlenproduktion wird gefördert.

Selbstverständlich muß die zentrale Siedelungsgesellschaft sich auch aller derjenigen Vertriebenen annehmen, die bereits Arbeit gefunden haben, und durch Bau einer Heimstätte in ordentliche Wohnungsverhältnisse zu gelangen suchen. Solche Einzelbauten kann freilich die Siedelungsgesellschaft nicht selbst in die Hand nehmen. Das würde viel zu große Verwaltungskosten ergeben. Die Ausführung solcher Einzelbauten in den verschiedensten Gemeinden müssen die lokalen Siedelungsunternehmungen übernehmen. Durch einen Zuschuß von seiten der elsaß-lothringischen Zentralsiedelungsgesellschaft werden diese in die Lage versetzt, für die vertriebenen Elsaß-Lothringer zu sorgen.

Schließlich werden ganz besonders die Siedelungsgenossenschaften zu unterstützen sein, die sich bereits aus dem Kreise der Vertriebenen heraus gebildet haben, und die als lokale Träger der elsaß-lothringischen Siedelungstätigkeit für die Zentrale von größter Bedeutung sind. Die Zentrale wird als Geldgeber nicht unterlassen dürfen, die Projekte der lokalen Organisation auf ihre Zweckmäßigkeit zu prüfen, und wird eine landwirtschaftliche bzw. industrielle Siedelung — falls sie noch nicht in Ausführung begriffen ist —, die sich an anderer Stelle im Reich billiger und mit besseren Aussichten durchführen ließe, nach dorthin dirigieren müssen.

Die Zentrale muß vor allem darauf bedacht sein, daß die dringlichsten Bauten zuerst durchgeführt werden, und daß überall mit der nötigen Einfachheit und Sparsamkeit bei möglichster Heranziehung der Siedler selbst gebaut wird. Unter allen Umständen muß bei Ausführung jeglichen Siedelungsprojektes versucht werden, die jedem Deutschen mögliche Inanspruchnahme der öffentlichen Baukostenzuschüsse auszunützen. Die Zentrale soll nur einen besonderen Zuschuß gewähren mit Rücksicht auf die besonderen Schwierigkeiten, die der Vertriebene zu überwinden hat.

Diese Zentrale ist, wie bereits hervorgehoben, am 21. Juni 1920 durch Errichtung der gemeinnützigen Zentralsiedelungsgesellschaft m. b. H. für die vertriebenen Elsaß-Lothringer im Reich mit dem Sitz in Berlin geschaffen worden. Die nötigen Mittel für ihre Tätigkeit werden ihr von der Reichsregierung nicht aus dem Fonds für Baukostenzuschüsse, sondern aus dem Fond für produktive Erwerbslosenfürsorge laufend bewilligt. Zur Ausführung der zurzeit vorliegenden Projekte wurden der Gesellschaft vorläufig 18 Millionen Mark bewilligt.

Von welcher Bedeutung es gewesen wäre, wenn diese Mittel der Ansiedelung vertriebener Elsaß-Lothringer bereits vor einem Jahr und früher hätten nutzbar gemacht werden können, erhellt aus der Tatsache, daß (nach Angaben des ehemaligen Spitalbaumeisters von Straßburg, jetzt technischer Hilfsberichterstatter am württembergischen Ministerium des Innern, Wohnungsabteilung) die Baukosten folgende Entwicklung seit der Revolution genommen haben:

Eine ländliche gemeinnützige Baugenossenschaft (in Württemberg) plante den Bau von zwei Gebäuden mit acht Dreizimmerwohnungen. Die Kosten waren im Februar 1919 zu 115000 M. veranschlagt. Zur Durchführung des Projektes waren bis Februar 1920 240000 M. erforderlich. Im Juni 1920 wurde festgestellt, daß sich die Kosten nach Fertigstellung auf über 300000 M. beliefen.

Eine Bezirksbaugenossenschaft (in Württemberg) hat 12 Zwei- und Dreizimmerwohnungen errichtet. Kostenanschlag im November 1919 177000 M. Die Fertigstellung verzögerte sich bis 1. Juli 1920. Baukosten 560000 M.

Mit den von der Reichsregierung zur Verfügung gestellten Mitteln hätte noch vor einem Jahr mehr als die doppelte Zahl von Flüchtlingen untergebracht werden können als heute. Die Schuld an dieser Versäumnis liegt beim Reichsfinanzministerium. Die Vertriebenen und alle sie vertretenden Stellen, der Hilfsbund, der Beirat und die Ministerialabteilung, haben auf die Notwendigkeit der Ansiedlung einer großen Zahl vertriebener Elsaß-Lothringer in einer Reihe von Kundgebungen und Eingaben an die Reichsregierung hingewiesen. Die Vertriebenen suchten sich durch Zusammenschluß in Genossenschaften selbst zu helfen. Der Mangel an Geldmitteln, den auch die spärlich fließenden allgemeinen Baukostenzuschüsse nicht beheben konnten, hinderten sie in Verbindung mit anderen Hemmungen an einer erfolgreichen Tätigkeit.

Die gemeinnützige Siedelungsgenossenschaft in Freiburg, die als erste Vereinigung vertriebener Elsaß-Lothringer den Gedanken der Ansiedelung von Flüchtlingen verwirklichen wollte, hatte bereits am Tage ihrer Gründung, am 21. Mai 1919, die Durchführung folgender drei Projekte ins Auge gefaßt:

1) den Bau von städtischen Einfamilienhäusern in Freiburg,

2) die Anlage einer ländlichen Siedelung auf dem Exerzierplatz Lahr-Dinglingen zur Unterbringung von etwa 40 Familien in kleinbäuerlichen Betrieben,

3) die Anlage einer ländlichen Siedelung in Donaueschingen zur Unterbringung von etwa 12 Familien in mittelbäuerlichen Betrieben.

Bis heute konnte sie nur vier Einfamilienhäuser in Freiburg errichten. Die Siedler für die ländliche Siedelung in Lahr-Dinglingen wohnen seit vielen Monaten in der dortigen Fliegerkaserne. Mit dem Ausbau der Hofraiten konnte aus Mangel an Mitteln nicht begonnen werden. Und die Siedelung in Donaueschingen wird völlig aufgegeben werden müssen, nachdem der dortige Stadtrat, nach anfänglichem Entgegenkommen gegenüber den Vertriebenen, heute das zur Verfügung stehende Land nur an die ansässige Bevölkerung verpachten will.

Ähnlich ist es den Projekten anderer Gruppen von Vertriebenen ergangen. Sie konnten bis heute aus Geldmangel nicht begonnen werden, oder mußten bereits wieder völlig aufgegeben werden. So faßte die Ortsgruppe des Hilfsbundes zu Münster in Westfalen im März 1920 den Plan, in Hembergen bei Münster eine große industrielle Siedelung für vertriebene Elsaß-Lothringer zu schaffen. In einem bisherigen Munitionsdepot in Hembergen waren die nötigen Räumlichkeiten vorhanden, um 500 vertriebene Familien durch nicht allzu kostspielige Umbauten unterbringen und verschiedene kleine industrielle Unternehmungen begründen zu können. Durch vorhandene Kraftanlagen und Geleisanschluß waren gute Vorbedingungen gegeben. Das Reichsschatzministerium, das über dieses Munitionsdepot zu verfügen hatte, und es bereits den vertriebenen Elsaß-Lothringern zugesprochen hatte, überließ in letzter Minute das Munitionsdepot dem Nobelkonzern, der es zur Entladung von Munition und Zerlegung in ihre wertvollen Urbestandteile angefordert hatte. Nach Ansicht nicht allein der Vertriebenen, sondern auch der örtlichen Behörden (Oberpräsident, Regierungspräsident, Oberbürgermeister von Münster) ist dieses Verhalten des Reichsschatzministeriums nicht zu erklären und nicht zu verantworten, um so weniger, als die Vertriebenen in der Lage waren, für den Nobelkonzern geeignete und ausreichende Äquivalende in der Nähe nachzuweisen.

Besonders muß hervorgehoben werden, daß auch die Reichszentralstelle für die vertriebenen Elsaß-Lothringer, in ihrer Eigenschaft als zentrale Fürsorgestelle für die Flüchtlinge in Baden, die Ansiedlung der Vertriebenen als einzig wirksames Mittel zur Bekämpfung der Wohnungsnot erkannte, und selbst bereits im Herbst 1919 den Ausbau von Lazarettbaracken in Karlsruhe und von Proviantlagerbaracken in Freiburg zu Kleinwohnungen für die Flüchtlinge übernahm. Der Ausbau mußte nach kurzer Zeit unterbrochen werden, da vom Reich keine Mittel gewährt wurden! Die unteren staatlichen Behörden haben also die Ansiedlung der Flüchtlinge auf eigene Faust in Angriff genommen, so bitter nötig erschien sie ihnen, die mit der Not der Flüchtlinge vertraut waren. Das Reichsfinanzministerium kam erst im Sommer 1920 zu dieser Einsicht.

Die doppelte und dreifache Summe muß heute verausgabt werden, als vor einem Jahre nötig gewesen wäre. Doch ist die Hoffnung berechtigt, daß nun endlich mit der Ausführung der elsaß-lothringischen Siedelungsprojekte begonnen werden kann.

Bei Beginn ihrer Tätigkeit hat die gemeinnützige Zentralsiedelungsgesellschaft „Neue Heimat“ 30 Siedelungsprojekte aus dem Kreise der Flüchtlinge vorgefunden. Sie hofft, durch deren Ausführung 700 vertriebene Familien unterbringen zu können. Die Zahl der außerdem noch mit Wohnung und Arbeit zu versehenden Familien wird auf rund 2500 geschätzt.

Bei der Durchführung ihrer Siedelungstätigkeit wird die Gesellschaft „Neue Heimat" vor eine prinzipielle Frage gestellt: soll sie geschlossene Siedelungen der Vertriebenen anstreben, oder soll sie eine völlige Vermischung der Flüchtlinge mit der ansässigen Bevölkerung herbeizuführen suchen?

Unwillkürlich muß man an die Siedelungen Deutscher in Rußland, Ungarn und anderen Ländern denken, in denen sich über viele Generationen hinweg Sprache, deutsche Art und die Erinnerung an das große deutsche Vaterland erhalten haben. Und so möchte man wohl wünschen, daß die Flüchtlinge aus Elsaß-Lothringen sich in geschlossenen Siedelungen niederlassen, um Mittelpunkte der Erinnerung an die verlorenen Reichslande zu bilden. Aber hier muß erstens bedacht werden, daß die vertriebenen Elsaß-Lothringer sich in Deutschland nicht inmitten eines in Kultur und Sprache fremden Volkes, sondern in ihrem eigenen Vaterland niederlassen. Eine ausgesprochene Trennung zwischen geschlossenen elsaß-lothringischen Siedelungen und ihrer Umgebung wird infolgedessen keinesfalls eintreten. Und die äußeren Wahrzeichen, die solche Niederlassungen durch ihre Namen wie „Neu-Lothringen" bilden, sind zum Wachhalten der Erinnerung nicht nötig. Die vertriebenen Elsaß-Lothringer werden ihre schöne Heimat nie vergessen. Sie werden im Gegenteil dafür sorgen, daß jeder Deutsche sich über die Bedeutung der elsaß-lothringischen Frage klar wird. Ohne Haß und Rache zu säen, werden sie ihre Pflicht nicht versäumen, für die wahre Selbstbestimmung des deutschen Stammes zwischen Rhein und Wasgenwald einzutreten. Sie werden um so wirksamere Arbeit leisten, je mehr sie sich über ganz Deutschland verteilen. Doch solche politische Erwägungen brauchen die Durchführung der Siedelung nicht zu beeinflussen. Auf die oben gestellte Frage gibt es kein „entweder — oder“, sondern nur ein „sowohl als auch“. Wie es die besonderen Bedürfnisse verlangen, wird einmal eine geschlossene Siedelung Vertriebener am Platze sein, ein anderesmal ihre Verteilung unter die ansässige Bevölkerung. Finden sich die Flüchtlinge als Elsaß-Lothringer zusammen, so muß ihnen eine neue gemeinsame Heimat geschaffen werden, sucht sich der einzelne Vertriebene auf dem Lande oder in der Stadt ein neues Heim zu errichten, so darf die Hilfe ebensowenig ausbleiben.

Mit andern Worten: die Siedelungsaktion muß in gleicher Weise individuell gestaltet sein, wie alle übrige Fürsorge für die vertriebenen Elsaß-Lothringer. Während heute allgemein in Deutschland die Siedelungsunternehmen das Ziel verfolgen müssen, die Menschen zu sammeln, die aufs Land zurück wollen, und aus ihnen einen neuen starken Bauernstand zu schaffen, ist es die Aufgabe der Siedelungsgesellschaft für die elsaß-lothringischen Vertriebenen, den besonderen Verhältnissen jedes Flüchtlings Rechnung zu tragen und entsprechend zu helfen. Für die innere Kolonisation Deutschlands ist das Ziel die stärkere Besiedelung des platten Landes zur Steigerung unserer landwirtschaftlichen Produktion. Die Menschen müssen dieser Aufgabe entsprechend ausgewählt werden. Für die Ansiedelung der vertriebenen Elsaß-Lothringer sind die Menschen das Primäre. Die Flüchtlinge seßhaft zu machen, ist das Ziel. Die Art und Weise der Durchführung dieser Ansiedelung muß nach der besonderen Lage jedes Einzelnen erfolgen. Allerdings wird keine Möglichkeit ungenützt bleiben dürfen, auch auf dem Gebiet der Ansiedelung der Flüchtlinge aus Elsaß-Lothringen an der notwendigen Reagrarisierung Deutschlands im weitesten Sinne mitzuwirken.

Daß solches Vorgehen von der neugegründeten Siedelungsgesellschaft für die vertriebenen Elsaß-Lothringer „Neue Heimat“ beabsichtigt ist, geht deutlich aus dem

Programm hervor, das der Geschäftsführer dieser Gesellschaft, ein vertriebener elsaß-lothringischer Arzt, schon lange vor Gründung der Gesellschaft in einer kleinen Broschüre über die zweckmäßige und dringend nötige Art der Siedelung vertriebener Elsaß-Lothringer entworfen hat[1]).

Zwei Bauperioden sind seit Beginn der Einwanderung vertriebener Deutscher aus Elsaß-Lothringen nach Deutschland fast ungenützt verflossen. Es ist zu hoffen, daß das Reich den Flüchtlingen in solchem Maße helfen wird, daß in der kommenden Bauperiode 1921 das Versäumte nachgeholt werden kann. Noch ist es nicht zu spät.

Diese Feststellung trifft auf allen Gebieten der Flüchtlingsfürsorge für die vertriebenen Elsaß-Lothringer zu. Viel kostbare Zeit ist verloren, die unproduktive Unterstützung hat Millionen verschlungen. Rasche und ausreichende Entschädigung in Verbindung mit dem Bau von Heimstätten muß endlich der Notlage der Flüchtlinge ein Ende bereiten.

Kritik ist billig. Aber es liegt zu klar zutage, um mit Stillschweigen darüber hinweggehen zu können: das Reichsfinanzministerium hat hier an falscher Stelle zu sparen gesucht. Die Rechtslage der Vertriebenen mußte eines Tages unbedingt zur Anerkennung ihrer Forderung gegen das Reich führen. Es wäre besser gewesen, die Reichsregierung hätte als Vertreterin des deutschen Volkes aus freien Stücken den vertriebenen Elsaß-Lothringern die Hand zur Hilfe entgegengestreckt, anstatt sich in zähem, wenig erfreulichem Kampfe ein Zugeständnis nach dem andern von den in Not geratenen Deutschen abringen zu lassen. Es soll nicht vergessen werden, welch ungeheuren Lasten das deutsche Volk schon tragen muß. Aber nationales Pflichtbewußtsein muß gegenüber den Flüchtlingen

---

1) „Die Organisierung und Finanzierung des elsaß-lothringischen Siedelungsproblems". Denkschrift von Dr. med. Wilh. Back. Frankfurt a. M. (Mahlau & Waldschmidt).

aus Elsaß-Lothringen die Kraft zu weiteren Opfern erschaffen.

Hüten muß man sich bei einer Betrachtung der bis heute ungenügend erfolgten Hilfe für die vertriebenen Elsaß-Lothringer davor, die Schuld an der trostlosen Lage vieler Flüchtlinge den mit der Fürsorge der Vertriebenen beauftragten und sich befassenden Organisationen zuzusprechen. Das Rote Kreuz hat in pflichtgetreuer Arbeit seine Aufgaben den Weisungen der Regierung entsprechend durchgeführt. Hilfsbund und Beirat haben in rastloser Tätigkeit im Bunde mit allen Spezialorganisationen der Vertriebenen keine Möglichkeit ungenutzt gelassen, um die Not der Flüchtlinge zu lindern. Kein Fehlschlag ihrer Bemühungen konnte sie davon abhalten, stets aufs neue den Kampf um die Anerkennung der Forderungen der Flüchtlinge durch das Deutsche Reich aufzunehmen. Nicht anders hat die Ministerialabteilung für Elsaß-Lothringen im Reichsministerium des Innern die Interessen der Vertriebenen vertreten. Ihr Stand ist ein besonders schwerer. Als ausführendes Organ der Reichsregierung ist der Vorstand der Abteilung gezwungen, abschlägige Antworten der Regierung auf die Forderungen der Vertriebenen an diese zu übermitteln und die durch die Reichsregierung beschlossenen Hilfsmaßnahmen durchzuführen. Die Erbitterung der Flüchtlinge richtete sich infolgedessen oft gerade gegen die Ministerialabteilung. Welche Arbeit die Abteilung im Interesse der Vertriebenen geleistet hat, in welcher Weise der Ministerialdirektor und die Leiter der einzelnen Ressorts der Abteilung bis heute bemüht waren, durch Denkschriften und in persönlichem Vortrag bei den verschiedenen Reichsministern die volle Entschädigung der Vertriebenen zu erreichen und eine großzügige Siedelungsaktion in die Wege zu leiten, darüber kommen selbstverständlich keine Berichte in die Öffentlichkeit.

Nicht Vorwürfe verdienen alle diese im Dienste der Vertriebenen tätigen Organisationen, sondern den Dank aller elsaß-lothringischen Flüchtlinge. Ihnen ist es zu verdanken, daß heute endlich die endgültige Entschädigung der Vertriebenen bevorsteht — und zwar verschiedenen Anzeichen nach zu urteilen, in befriedigendem Umfang —; ihnen ist es zu verdanken, daß die Siedelungsaktion auf einer Grundlage aufgebaut worden ist, die eine erfolgreiche Entwicklung verbürgt; ihnen sind alle bisherigen Hilfsmaßnahmen zu verdanken.

Die Tätigkeit aller dieser Organe der Vertriebenenhilfe verdient um so mehr Beachtung, als sie nicht allein eine sozialpolitische ist, sondern darüber hinaus allgemein-politische Bedeutung besitzt.

SCHLUSS.

DIE LÖSUNG DES PROBLEMS IN IHRER POLITISCHEN BEDEUTUNG.

Die Eingliederung der vertriebenen Elsaß-Lothringer in das deutsche Wirtschaftsleben fällt in den Kreis der Aufgaben, die sich für das deutsche Volk aus der „elsaß-lothringischen Frage" ergeben.

Die „elsaß-lothringische Frage", seit drei Jahrhunderten ein Hauptstreitpunkt zwischen Deutschland und Frankreich, hat im Laufe der Zeit mehrfach Veränderungen ihres Inhalts erfahren, aber der Kern der Frage blieb bei allen Wandlungen unverändert: „Wohin gehört Elsaß-Lothringen?"

Deutschland und Frankreich haben eine Lösung mit dem Schwert versucht. Sie ist nicht gelungen. Die endgültige Entscheidung dieser Frage liegt allein beim elsaß-lothringischen Volke.

Frankreich hat den „befreiten Provinzen" im November 1918 nicht das Selbstbestimmungsrecht, sondern rücksichtslose Gewaltherrschaft des Siegers als Morgengabe überreicht.

Gegen diese Unterdrückung deutscher Stämme muß das deutsche Volk den Kampf aufnehmen. Nicht danach dürfen wir fragen, ob die Alemannen und Franken zwischen Rhein und Vogesen und auf der lothringischen Hochebene uns diesen Kampf gegen ihre Unterdrücker lohnen werden.

Wir müssen die Zerstörung deutscher Kultur in Elsaß-Lothringen als eine Vernichtung unseres eigenen Volkslebens aufzuhalten suchen.

Wenn heute gewisse Kreise unseres Volkes vor aller Welt bekennen: es gibt keine elsaß-lothringische Frage mehr, und damit hoffen, eine Versöhnung mit Frankreich herbeiführen zu können, so vergessen sie, daß sie dem elsaß-lothringischen Volk, das sich heute schon erbittert gegen die Vernichtung seiner deutschen Sprache und Kultur wehrt, von rückwärts einen Dolchstoß versetzen, und daß die Preisgabe eigenen Volkstums eine so erbärmliche Handlungsweise ist, daß kein anderes Volk der Erde es für nötig erachten wird, sich mit uns zu befreunden. Denn ein Volk, das sich in solcher Weise selbst aufgibt, kann nicht mehr gefährlich werden. Und nur der Starke kann unter den Völkern Freunde gewinnen.

Achtung muß sich das deutsche Volk erobern! Und Achtung können wir nur erringen, wenn wir alle politischen Kompromisse beiseite lassen, und rückhaltlos für die Wahrheit eintreten: Für das Selbstbestimmungsrecht der Elsaß-Lothringer, für die Erhaltung deutschen Volkstums in den verlorenen Reichslanden.

Erfolg werden wir nur haben, wenn die Elsaß-Lothringer selbst in ihrem Kampfe nicht erlahmen. Auch hier gilt es vor allem, den Glauben an den Wiederaufstieg Deutschlands und die Achtung vor unserem Volk zu stärken. In diesem Zusammenhang gewinnt die Eingliederung der vertriebenen Elsaß-Lothringer in unsere Volkswirtschaft ihre hohe politische Bedeutung. Gelingt es uns nicht, diesen Flüchtlingen, den Opfern französischer Rache, eine neue Heimat zu schaffen, so muß unser Ansehen im elsaß-lothringischen Volke sinken, und seine Widerstandskraft gegen die welsche Überfremdung in gleichem Maße nachlassen.

Es ist eine traurige Wahrheit, daß die Vertriebenen aus Elsaß-Lothringen im Juli 1920 sich gezwungen sahen, einen Aufruf an die Reichsregierung zu erlassen, um das deutsche Volk darauf hinzuweisen, daß viele elsaß-lothringische Flüchtlinge aus bitterer Not getrieben, wieder nach Elsaß-Lothringen zurückkehren, nachdem sie von Frankreich auf demütige erniedrigende Bitten die „großmütige" Erlaubnis erhalten haben[1]). In solcher Weise arbeiten wir selbst mit an der Vernichtung deutschen Volkstums in Elsaß-Lothringen.

Es ist wohl zu verstehen, wenn in der heutigen Zeit schwerster Not und Entbehrungen weite Kreise unseres Volkes jegliches Verständnis für große nationale Aufgaben verloren haben. Aber wir brauchen solches Verstehen dringender denn je. Nur durch den Glauben an höhere Ziele als den Kampf ums tägliche Brot können wir die Kraft erhalten, die Ketten zu sprengen, in die uns unsere Feinde geworfen haben. Die Zuversicht, wieder frei und stark zu werden, muß uns aufrecht erhalten. Denn es ist nicht anders: die Zukunft, an die wir als Volk glauben, wird unsere Zukunft sein.

1) Els.-Lothr. Mitteilungen, Jahrg. 2 (1920), Nr. 30.

LITERATURVERZEICHNIS.

Akten der Abteilung für Elsaß-Lothringen im Reichsministerium des Innern.

Akten der Reichszentralstelle für die Übernahme vertriebener Elsaß-Lothringer in Freiburg.

Akten der Reichseisenbahnzweigstelle in Karlsruhe.

Akten der Postpersonalausgleichstelle in Karlsruhe.

Akten des Beirats der Abteilung für Elsaß-Lothringen im Reichsministerium des Innern.

Akten des Roten Kreuzes.

Akten des Hilfsbundes für die Elsaß-Lothringer im Reich.

Akten des Beamtenbundes der elsaß-lothringischen Beamten usw., Sitz Berlin.

Akten der Berufsschutzorganisationen der vertriebenen Elsaß-Lothringer.

Akten der Siedelungsgesellschaft „Neue Heimat", Sitz Berlin.

Akten der Ein- und Verkaufsgesellschaft für vertriebene Elsaß-Lothringer.

Akten der Universitätszentralstelle Straßburg in Freiburg.

Statistische Jahrbücher für das Deutsche Reich.

Statistische Jahrbücher für Elsaß-Lothringen.

Reichsgesetzblatt.

Zentralblatt für das Deutsche Reich.

Rebholz, J., Die vertriebenen Elsaß-Lothringer und ihre mißliche Lage, 1920 (Hilfsbund für die Elsaß-Lothringer im Reiche, Frankfurt a. M.).

Denkschrift der Berufsverbände und Vereinigungen der verdrängten elsaß-lothringischen Handel- und Gewerbetreibenden usw. an den Reichsminister für Wiederaufbau. Frankfurt a. M., Carolus-Druckerei, 1920.

Elsaß-Lothringische Mitteilungen, Organ des Hilfsbundes für die Elsaß-Lothringer im Reich. 1. und 2. Jahrg., 1919, 1920 (Wochenzeitschrift), Freiburg i. B.

Elsaß-Lothringische Nachrichten, Nachrichten für die deutsche Presse. 1. und 2. Jahrg., 1919, 1920, Freiburg i. B.

Archiv für innere Kolonisation. Jahrg. 1918, 1919, 1920.

Zeitschrift für Wohnungswesen. Jahrg. 1918, 1919.

Das Land (Zeitschrift des Deutschen Vereins für ländliche Wohlfahrts- und Heimatpflege. Jahrg. 1918/19, 1919/20.

Nur gelegentlich benützte Literatur ist in den Fußnoten angegeben.

Jahresgaben der Gesellschaft für Elsässische Literatur.

I. **Sebastian Brant, Das Narrenschiff.** Faksimile der Erstausgabe von 1494 mit einem Anhang, enthaltend die Holzschnitte der folgenden Originalausgaben und solche der Locherschen Uebersetzung und einem Nachwort von Franz Schultz. Lex. 8°. 328 S. u. LVI. 1913. geb. M. 70.—

II. **G. S. Arnold, Der Pfingstmontag.** Lustspiel in Straßburger Mundart. Nach der vom Dichter durchgesehenen zweiten Ausgabe des Jahres 1816, herausgegeben von J. Lefftz und E. Marckwald. Buchschmuck von Ph. Kamm. Lex. 8°. LVIII, 238 Seiten. 1914. geb. M. 10.—**

IV. **Deutsche Dichtung im Elsaß von 1815—1870.** Eingeleitet und herausgegeben von Emil von Borries. Gr. 8°. XII, 283 Seiten. Mit 10 Bildnissen. 1915. geb. M. 10.—**

V1. **Gedichte der Gebrüder Wolf.** Eine Auswahl. Eingeleitet und herausgegeben von Eugen Müller. Mit 4 farbigen Bildern nach Aquarellen J. Wolfs. Buchschmuck von Carl Spindler. Kl. 8°. VI, 104 Seiten. 1916. geb. M. 3.—**

V2. **Das Straßburger Würfelbuch von 1529.** Faksimiledruck der Erstausgabe. Mit einem Nachwort und Anmerkungen von Alfred Götze. 8°. XIX. 34 Seiten. 1918. M. 4.—**

VI. **Jörg Wickram, Der Jungen Knaben Spiegel.** Mit dem Dialog: **Eine Warhafftige History von einem ungerahtnen Son.** Neudruck nebst Einführung und Nachwort. Herausgegeben von Gertrud Fauth. Kl. 4°. XXXIII, 154 S. 1917. M. 12.—**

Zu den Grundpreisen tritt bei * 50%, bei ** 100% Teuerungszuschlag.

Frommannsche Buchdruckerei (Hermann Pohle) in Jena. — 4911

Frommannsche Buchdruckerei (Hermann Pohle) in Jena.

www.ingramcontent.com/pod-product-compliance
Lightning Source LLC
LaVergne TN
LVHW042241300926
849161LV00003B/429
9783112689417